27 février 1893

COLLECTION H. DE G.

VIGNETTES

ESTAMPES, PORTRAITS
DESSINS, AUTOGRAPHES

SUITES DE FIGURES

27 FÉVRIER AU 8 MARS
1893

Me Maurice **DELESTRE**, Commissaire-Priseur, rue Drouot, 27

M. Ch. PORQUET	**M. P. ROBLIN**
Libraire	Marchand d'Estampes
1, QUAI VOLTAIRE, 1	65, RUE SAINT LAZARE, 65

VIGNETTES

PORTRAITS, ESTAMPES

Dessins, Autographes

LA VENTE AURA LIEU

Du Lundi 27 Février au Mercredi 8 Mars 1893

A 8 HEURES PRÉCISES DU SOIR

28, rue des Bons-Enfants

SALLE N° 2

Par le ministère de Me Maurice DELESTRE, Commissaire-Priseur

Rue Drouot, 27

Assisté de M. Ch. PORQUET, libraire

Quai Voltaire, 1

Et de M. P. ROBLIN, Marchand d'Estampes

Rue Saint-Lazare, 65

Voir l'ordre des vacations au verso du titre

EXPOSITION PUBLIQUE

Chaque jour de vente de 2 heures à 4 heures

CONDITIONS DE LA VENTE

Elle sera faite au comptant.

Les Acquéreurs paieront cinq pour cent en sus des enchères applicables aux frais.

M. P. ROBLIN, chargé de la vente des gravures, remplira les commissions des personnes qui ne pourraient y assister, et se réserve la faculté de réunir et de vendre, en un seul lot, tels articles du catalogue qu'il jugera utile à l'intérêt de la vente.

M. P. ROBLIN répondra à toute demande de renseignements qui lui sera faite.

CATALOGUE

D'UNE IMPORTANTE COLLECTION

DE

VIGNETTES

PAR OU D'APRÈS

BOREL, CHOFFARD, EISEN, GRAVELOT,
LEBARBIER, MARILLIER, MONNET, MOREAU LE JEUNE,
QUEVERDO ET AUTRES

PORTRAITS

DES XVIᵉ, XVIIᵉ ET XVIIIᵉ SIÈCLES

ESTAMPES, DESSINS

DES XVIIIᵉ ET XIXᵉ SIÈCLES

AUTOGRAPHES

SUITES DE FIGURES

COMPOSANT

LA COLLECTION DE Mʳ H. DE G.

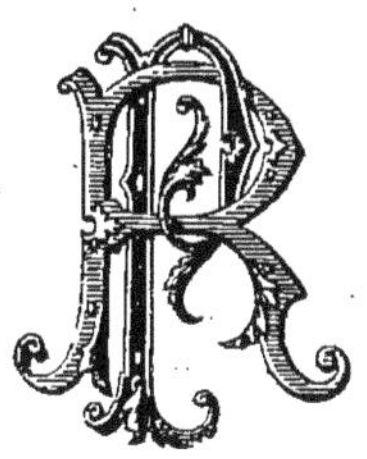

PARIS

M. Ch. PORQUET	**M. P. ROBLIN**
Libraire	Marchand d'Estampes
1, QUAI VOLTAIRE, 1	65, RUE SAINT-LAZARE, 65

1893

DIVISION DU CATALOGUE

ORDRE DES VACATIONS

DESSINS

AUVREST

1 — *Voltaire,* en pied, in-4.
Dessin calligraphique, au lavis d'encre de Chine.

BARJON (M.)

2 — Une Fontaine.
Aquarelle signée.

BAUDET-BAUDERVAL

3 — *Jacques Clément. — Jean Chatel. — Quélus. — Mme de La Sablière. — Mme Denis. — Duchesse de Lavallière. — La marquise de Villette. — Maugiron. — La Popelinière. — La duchesse de Boufflers. — Mme d'Epinay. — Le marquis de Ville Vielle. — La Margrave de Bareuth. — Saint-Mégrin. — Gabrielle d'Estrées. — Balzac d'Entragues. — L'abbé Millot. — La maréchale de Luxembourg. — Damiens* et autres; vingt-sept portraits, pour les œuvres de Voltaire.
A l'aquarelle et au lavis d'encre de Chine.

4 — *Longin. — Renaudot. — Fr.-Chr. de Lamoignon. — Gilles Boileau. — Chapelain. — Mlle de Lamoignon. — Duchesse de Bouillon. — Mme d'Angivilliers. — Mme de la Sablière,* onze portraits pour les œuvres de Boileau.
Aquarelles.

BEDOS, écrivain public

5 — *Voltaire,* en pied, in-4.
Dessin calligraphique, signé.

BERGERET

6 — Le Temple de la gloire. — *Diogène*. — *Socrate*. — *Cathe-rine II*. — Trois frontispices pour l'Histoire Universelle, etc., huit pièces.
A la sépia, signées.

BIDA (Alex.)

7 — Scène intime.
A la plume, signé 1835.

CARMONTELLE

8 — La famille Calas, sept portraits en médaillons in-8.
Plume et aquarelle.

CAZENAVE

9 — *Voltaire*. — *J.-J. Rousseau*, deux portraits in-8.
Au lavis d'encre de Chine, signés.

CHABOD (E.)

10 — Sous bois, frontispice in-4, pour l'ouvrage de Theuriet.
Tres belle aquarelle, signée.

CHALLIOU

11 — Trois sujets in-18, pour Huon de Bordeaux.
Au lavis d'encre de Chine; ont été gravés par Coiny.

CHANDELLIER (Ch.)

12 — Jeune femme en toilette de soirée,.
Aquarelle signée, 1846.

CHAZAL

13 — *Voltaire*. — *Jolyot de Crébillon*. — *Henri II*. — *Goldoni*. — *Du Fresny*. — *Duc de Guise*. — *Gudin de la Brevelle-rie*. — *Pascal*, neuf portraits in-8.
A la sépia et à la mine de plomb, plusieurs sont signés.

CHODOWIECKY

14 — Trente dessins originaux, pour Clarisse Harlowe.
Plume et lavis d'encre de Chine.

CHOQUET

15 — *Longueville* (La duchesse de), in-8, d'après Petitot.
     A la sépia, signé 1819.

16 — Six dessins in-8, pour Don Quichotte.
     A la sépia, signés 1822.

17 — Dix-huit pièces in-8, pour les œuvres de Florian. Edition
     Briant, 1823.
         A la sépia

DAVID (d'Angers)

18 — *Lamartine*, profil, in-8.
     A la mine de plomb, rehaussé de blanc.

DESENNE (Alex)

19 — *Descartes. — P. Corneille. — Calderon. — J.-J. Rous-*
seau. — Gaillard. — Fontenelle. — Lope de Vega. — Lin-
guet. — Delille. — J.-B. Rousseau. — Mme du Deffant. —
Gentil Bernard. — Brumoy. — Lucain. — Virgile, quinze
portraits, in-8.
     A la sépia.

20 — *Le Tasse. — Florian. — Voltaire*, neuf portraits, in-8.
     A la sépia.

21 — Communion de la Reine Marie-Antoinette, in-12.
     A la sépia, rehaussé de blanc.

DESENNE et DEVERIA

22 — Six compositions in-8, pour les œuvres de Legouvé, Paris,
Janet, 1826.
     A la sépia.

23 — Deux dessins in-18, pour les Souvenirs et le Mérite des
femmes, par Legouvé.
     A la sépia, signés 1827.

DEVERIA (Achille)

24 — Six sujets in-8, pour les œuvres J.-J. Rousseau. Edition
Dalibon.
     A la sépia.

DEVERIA (Par ou d'après)

25 — Une conversation. — Costumes, quatre pièces.
Mine de plomb et lavis de bistre.

DIVERS

26 — *Châteauroux* (Madame la Duchesse de) ; ovale in-8.
Très belle composition aux deux crayons du XVIIIe siècle.

27 — *Jacques Clément. — Duchesse du Maine. — Adrienne
Lecouvreur. — Henri IV,* empereur d'Allemagne, quatre pièces.
Aux deux crayons et au lavis de bistre.

28 — *Voltaire* en buste. — *Voltaire* écrivant, deux portraits.
A la mine de plomb.

29 — Cent-dix portraits in-8, dessinés à la plume, représentant
des personnages français, dont les gravures sont rares ou trop
grandes pour l'illustration.
Réunion rare.

30 — Portraits de personnages anciens, grecs et romains, trente-
trois pièces.
A la plume.

31 — Supplice de Ravaillac. — Jean Hus brûlé. — Louis XIV
entre au Parlement. — Prise de Constantinople. — Vêpres
siciliennes. — Prise de Jérusalem. — Assassinat de Henri IV.
— Jeanne d'Arc. — La Saint-Barthélemy. — Mort de Turenne.
— Cromwell chasse le parlement. — Mort de Charles XII. —
Pierre le Grand. — Treize pièces, in-8 en largeur, attribuées à
Chazal.
A l'aquarelle et au lavis d'encre de Chine.

32 — Franconi. — Bal de l'Opéra, deux compositions rondes pour
écrans.
A la mine de plomb, lavé d'encre de Chine.

33 — Seize compositions in-18, pour les Fables de Florian.
Au lavis d'encre de Chine.

DIVERS

34 — Cinquante dessins in-18 par Colin, Le Roy et autres, pour
des almanachs et sujets enfantins.

Plume et lavis de bistre.

35 — Quatre sujets in-8 en largeur, pour les Œuvres de Wal-
ter-Scott.

A la sépia, signés C L.

36 — Sous ce numéro, il sera vendu environ trois cents dessins,
anciens et modernes, costumes, croquis, paysages, portraits,
etc., formera plusieurs lots.

DUBOULOZ

37 — Le mariage de Figaro (scène du page), in-8.

Au lavis de bistre, signé 1822.

38 — Deux compositions in-4, pour Faust.

Plume et lavis de bistre.

DU BOURG (L. Fab.)

39 — Six compositions in-4, pour les Aventures de Télémaque,
édition de 1734.

Superbes compositions au lavis d'encre de Chine, signées L. F. D. B., 1730
et 1731.

ÉCOLE ANCIENNE

40 — Frontispices. — Portraits. — Sujets religieux, sept pièces.

Plume et lavis d'encre de Chine.

ÉCOLE FRANÇAISE DU XVIIIᵉ SIÈCLE

41 — Amours. — Sujets gracieux. — Vues. — Monuments, etc.

Dix-sept pièces.

ÉCOLE MODERNE

42 — Trente-cinq pièces signées, Trimolet, Duplessis-Bertaux,
Bonington et autres.

Aquarelle et crayon de couleur.

ÉVENTAILS

43 — Cinq feuilles, sujets gracieux avec ornements Louis XV.
Gouaches rehaussées d'or.

FOURNIER (F. de)

44 — *Eugénie*, Impératrice des Français ; ovale in-8.
A la mine de plomb, signé 1853.

FRILLEY

45 — *Voltaire* à différents âges, trois portraits différents. — *Condorcet*, quatre portraits in-8 et in-4.
A la sépia, signées.

GRAVELOT (Hubert)

46 — La mort d'Orphée, in-8.
A la plume, lavé de sépia.

GRÉVIN (A.)

47 — L'Amateur de melons. — Le Pique n° 1. — Le Trèfle n. 1. — Les Cartes. —. Le Cœur n° 1. — Le Carreau n° 1, sept pièces.
Plume et lavis de bistre, signées.

HUET

48 — Encadrement pour son portrait, grand in-4.
Au lavis d'encre de Chine.

JEAN (B.)

49 — L'Escrime à la navaja.
A la plume.

L. N. 1638

50 — *Jurieu* (Pierre), fameux protestant et ministre à Sedan, médaillon in-8.
Au lavis d'encre de Chine.

LAFITTE

51 — Apothéose du duc de Bordeaux, médaillon rond.
A la sépia.

LA RUE

52 — Sacrifice dans un Temple, in-4 en largeur.
Plume et lavis de sépia.

LA SEIGNE

53 — *Voltaire* en pied, in-4.
Aquarelle, signée.

LEBARBIER (attribué à)

54 — Quatre culs-de-lampe. pour les œuvres de S. Gessner.
Au lavis d'encre de Chine.

LE CLERC

55 — La réunion des plaisirs, ovale in-8.
A la sanguine, a été gravé en couleur par Janinet.

LÉLU (Pierre) de Macon

56 — L'Amitié.
Plume et lavis de sépia.

LŒILLOT (K.)

57 — Le Barbier de Séville ; trois compositions in-8· en travers.
Mine de plomb et aquarelle, signées 1827.

LŒILLOT (K.) 1827

58 — Le Ménestrier de Livonie. — Michel et Christine. — La
demoiselle et la dame. — Rodolphe. — Le Tyran domestique.
— Frontin, mari garçon. — Le mariage de raison. — La
Jeunesse de Henri V. — Les Etourdis. — Sapho. — Les Ri-
cochets. — Le Mari et l'Amant. — Les deux Philibert. —
L'Hôtel garni. — Le Voyage à Dieppe. — Le Sourd ; vingt-neuf
pièces pour le théâtre de Madame.
Mine de plomb et aquarelle, plusieurs sont signées.

MARCKL

59 — Le colonel de Surville, (Eugène Sue). — Conversion de
Saint Paul, deux pièces.
A la plume rehaussée de blanc, signées.

MARILLIER (C. P.)

60 — Douze sujets in-12, pour les Œuvres de Tressan.

Au lavis d'encre de Chine, signés.

61 — Vignette in-18, pour les Œuvres de Bouflers.

A la plume et au lavis d'encre de Chine.

62 — La Pucelle de Voltaire, chant X, in-4.

A la plume.

63 — Cul-de-lampe, pour les Fables de Dorat. Autre cul-de-lampe, deux pièces.

A la plume et à la mine de plomb.

MOITTE

64 — Offrande à l'Amour.

Plume et lavis d'encre de Chine, rehaussé de blanc, signé 1785.

MONNET (Ch.)

65 — Mort du grand roi Sésostris, in-4.

Plume et lavis de sépia.

66 — Télémaque quitte l'Egypte, in-4.

Plume et lavis d'encre de Chine.

MONNET, MONSIAU

67 — Deux compositions in-18, pour la Fiancée du Roi de Garbe, conte de Lafontaine.

Au lavis d'encre de Chine, signées.

MOREAU LE JEUNE (J. M.)

68 — La Henriade, chant X, in-4.

Aquarelle, signée

PARMENTIER (P.)

69 — *Alfred de Musset*, jeune, in-4.

Crayon noir.

PHILIPPON (Charles)

70 — Déclarations d'amour, onze pièces in-4.

Aquarelles, signées.

PHILIPPOTEAU

71 — *Pie IX.* — *De Morny.* — *Napoléon III.* — *Eugène de
Beauharnais,* quatre portraits in-8.
> A la mine de plomb, rehaussées de gouache.

72 — Dix-huit compositions in-8 pour les ouvrages de Châteaubriaut, Cooper, A. Dumas, Méry et autres.
> A la mine de plomb, rehaussées de gouache.

QUEVERDO

73 — *Chalotais* (L. R. de Caradeuc de là). ovale in-8.
> Mine de plomb et lavis d'encre de Chine, a été gravé par Hubert.

SAINT-AUBIN (Aug. de)

74 — *Catherine II,* profil dans un cadre orné.
> A la mine de plomb.

SERGENT

75 — *Dupleix.* — *Mahé de la Bourdonnaye,* deux portraits
ovales in-8.
> Aquarelles, ont été gravées en couleur.

76 — *Coligny.* — *Folard.* — *Baron d'Espagnac.* — *Marquis
de l'Estanduère.* — *Maurice de Saxe.* — *Saint-Louis.* —
Vendôme. — *Berwick.* — *Maréchal de Belle-Isle.* — *Louis XII,*
dix portraits ovales in-8.
> Aquarelles, ont été gravées en couleur, chez Blin.

77 — Scène du Mariage de Figaro, in-8 en largeur.
> Plume et lavis d'encre de Chine.

SOMM (H.)

78 — Vingt-quatre aquarelles inédites, pour servir de frontispices
aux ouvrages suivants, publiés par L. Conquet (pourront être
vendus séparément).
> 1. Boudha.
> 2. Carmen.
> 3. La chartreuse de Parme.
> 4. Le colonel Chabert.
> 5. Un début dans la magistrature.
> 6. Emaux et camées.
> 7. La famille Cardinal.

SOMM (H.)

8. Fromont jeune et Risler ainé.
9. Julia de Trécœur.
10. Karikari.
11. Le Lion amoureux.
12. Mademoiselle de Maupin.
13. Marie ou le mouchoir bleu.
14. Militona.
15. La Mionette.
16. Nouveaux contes à Ninon.
17. Nouvelles d'Alfred de Musset.
18. Le nez d'un notaire.
19. Les œillets de Kerlaz.
20. Mon oncle Barbassou.
21. Mon oncle Benjamin.
22. Le Rouge et le Noir.
23. Sylvie.
24. Le violon de faïence.

79 — Costumes, Frontispices; quatre pièces.

Aquarelles, signées.

SPIDLER & COQUANTIN

80 — *La Serre, Chapelain, Cotin. — Colbert. — Ad. Lecouvreur.
— Philippe d'Orléans. — Henriette d'Angleterre ; cinq*
portraits.

A la sépia, signés.

STA (H. de)

81 — Neuf aquarelles inédites, pour illustrer les ouvrages suivants, publiés par L. Conquet (pourront être vendus séparément).

1. La canne de Michelet.
2. Le chevalier Destouches.
3. Un début dans la magistrature.
4. La défense de Tarascon.
5. Le drapeau.
6. Herminie.
7. Histoire d'Hiver.
8. Marie ou le mouchoir bleu.
9. Servitude et grandeur militaire.

SWEBACH

82 — Costumes Russes, quatre pièces.

A la sépia, signées 1820.

TARDIEU (Alex.)

83 — *Cardinal de Lorrraine. — J.-B. Target. — Adisson. — Arioste. — Diane de Poitiers. — A. de Thou. — Du Faur de Pibrac. — Philippe II, Roi d'Espagne. — Anne de Montmorency. — Fontenelle. — Catherine de Médicis. — Montesquieu. — d'Alembert*, treize portraits in-8.

A la sépia, la plupart sur parchemin.

84 — *Tacite. — Horace. — Quinte-Curce. — Tibulle. — Properce. — Catulle. — Cicéron. — Anacréon. — Stace. — Lucrèce. — Suétone- — Pline*, douze portraits in-8.

A la sépia.

THÉATRE

85 — *Mademoiselle Georges* (portrait charge), costumes et travertissements, neuf pièces.

Aquarelles et aux deux crayons.

TRAVIÈS

86 — Reines et Rois de France, personnages célèbres; soixante-dix-sept portraits in-8 en pied.

A la sépia.

TRINQUESSE

87 — *Colardeau,* ovale in-8.

Au crayon noir.

VOGEL

88 — Deux compositions pour les Misérables et Quatre-Vingt-Treize, éditions de Hugues.

Mine de plomb et lavis d'encre de Chine.

WASSET (Ange).

89 — Fleurs.

Aquarelle signée, 1838.

WHRISKER

90 — Vingt-six sujets in-18, représentant les acteurs et actrices, gravés pour les souvenirs et regrets d'un vieil amateur dramatique.

Aquarelles sur parchemin.

PORTRAITS

ADAM

91 — *Marie Fœderowna*, grande duchesse de Russie, in-8.
Très belle épreuve avant toute lettre, petites marges.

ALIX (P. M.)

92 — *Diderot. — Helvétius. — Mably,* trois portraits en couleur.
Très belles épreuves à toute marge.

93 — *Montaigne. — J. J. Rousseau. — Solon,* trois portraits en couleur.
Très belles épreuves à toute marge.

94 — *Voltaire* (F. M. Arouet de), in-4.
Epreuve imprimée en noir, sans marge.

ANONYME

95 — *Beaumarchais* (P. A. Caron de) auteur de Tarare, in-12.
Très belle épreuve avant toute lettre à toute marge.

96 — *Bernis* (Cardinal de), médaillon soutenu par des amours, frontispice, in-8.
Belle épreuve à l'eau-forte pure, petites marges.

97 — *Catherine de Médicis*, in-18 ovale. — *Albert de Médicis,* in-4. — *Clément VIII*, pape, in-8. — *Louis XIII*, in-4.
Belles épreuves, gravures du XVII° siècle.

98 — *Charles-le-Grand*, in-8, orné, 1594. — *Charles VII*, à mi-corps, in-8 ; deux portraits.
Très belles épreuves.

ANONYME

99 — *Espagnac* (Jean Joseph de Sahuguet, baron d'), gouverneur
des Invalides, in-8.
Belle épreuve, imprimée en couleur.

100 — *Henri IV*, âgé de 42 ans, in-4, avec la scène de Jean Chatel,
au bas (1594).
Très belle épreuve.

101 — *Henri IV*, à différents âges; neuf portraits différents.
Belles épreuves, gravures des XVI· et XVII· siècles.

102 — *Montague* (Milady), ovale in-8.
Très belle épreuve avant la lettre, petites marges.

103 — *Motteville* (Françoise Bertault, dame de), in-8.
Très belle épreuve, sans marge.

104 — *Necker*, médaillon imprimé en couleur, sur satin.
Très belle épreuve avant toute lettre.

105 — *Polard* (chevalier de), in-8 à l'aquateinte.
Superbe épreuve avant toute lettre, petites marges.

106 — *Stolberg* (L. M. C. E. de), in-8.
Très belle épreuve, petites marges.

107 — Le Pourtrait au naturel de *Thomaso-Mas-Aniello*, pêcheur
de la ville de Naples et chef des Soulevez, in-8, en pied.
Très belle épreuve, sans marges.

108 — *Voisin* (La) célèbre empoisonneuse, brûlée vive à Paris, in-4
avec 4 vers au bas.
Belle épreuve.

109 — *Voltaire* et *Jean-Jacques Rousseau*, se disputant dans un
jardin, jolie pièce in-8, sans noms d'artistes.
Belle épreuve.

110 — *Voltaire*, ovale in-8 orné, la Bastille se voit dans le fond du
médaillon; portrait gravé d'après celui de La Tour, peint en
1736, après être sorti de la Bastille.
Très belle épreuve, imprimée en bistre, très rare.

AUDOUIN

111 — *Jean de Lafontaine*, in-4.
Très belle épreuve, avant la date, grandes marges.

BALECHOU

112 — *Voltaire*, in-8, trois portraits.
Belles épreuves dont une avant toute lettre.

BAQUOY (C.)

113 — *Ch. L. Aug. Fouquet, duc de Belle-Isle*, in-12, tête de page d'après de Sève.
Belle épreuve, en tirage à part, petites marges.

114 — *Ste-Geneviève*, patronne de Paris, in-8, d'après Vanloo.
Belle épreuve avant la lettre, à toute marge.

BARBIÉ

115 — *Catherine II*, in-4 orné.
Très belle épreuve avant la lettre, toute marge.

116 — *P. de Chevert.* — *Comte d'Estaing*, deux portraits.
Belles épreuves à toute marge.

117 — *Marquis de Montcalm.* — *Vicomte de Turenne*, deux portraits.
Belles épreuves.

118 — *Voltaire*, in-8, quatre portraits différents.
Belles épreuves, une est avant toute lettre.

BASSET (A Paris, chez)

119. — *Voltaire* en pied, ajoutant une étoile à ses œuvres, in-4.
Belle épreuve imprimée en bistre.

BASSET et QUENEDEY

120 — *Voltaire.* — *Voltaire et J.J. Rousseau.* — *Voltaire, Francklin et J. J. Rousseau.* — Credo de *Voltaire*. Six portraits en médaillons.
Belles épreuves, une est imprimée en couleur.

BERNIGEROTH

121 — *Voltaire*, in-8.
> Superbe épreuve avant toute lettre, la tablette blanche, petites marges.

BLIGNY (A Paris, chez)

122 — *L. A. de Gontaut, duc de Biron*. Deux portraits in-12 et in-8.
> Très belles épreuves.

BOILY (C.)

123 — *Beauharnais* (Madame la comtesse de) ovale in-8, d'après Thornton.
> Superbe épreuve imprimée en bistre, à toute marge.

124 — *Charles Borde*, in-8. — *Cl. Fr. Nonnotte*, in-18, deux portraits.
> Belles épreuves avec marges.

BONNET, DARLY

125 — *Pascal Paoli*, général des Corses, trois portraits in-8.
> Belles épreuves, marges.

BOQUET (d'après)

126 — Cartouche avec portrait de Louis XV, pour le répertoire de Fontainebleau.
> Très belle épreuve avant la lettre, à toute marge.

BOUCKEL (Anna Van)

127 — *Chistophorus*, fils d'Antoine, roi de Portugal, d'après Dumoutier, in-8.
> Très belle épreuve,

BOUDAN (A)

128. — *Marie de Médicis*, médaillon au-dessus d'un sonnet acrostiche, in-4.
> Très belle épreuve, petites marges.

BOURGEOIS DE LA RICHARDIÈRE

129 — *Sophie Arnoult*, in-8, d'après de La Tour.
> Belle épreuve, petites marges.

BOUYS (A)

130 — *Boileau Despréaux* (Nicolas), in-8.
Très belle épreuve.

BRIOT (J.) COLYN (M.)

131 — *Louis XIII*, à cheval, âgé de 9 ans. — *César de Bourbon*, duc de Vendôme, trois pièces.
Belles épreuves.

CARMONA (Salvador)

132 — *M. Odieuvre*, peintre et marchand d'estampes, in-8.
Très belle épreuve à toute marge.

CATHELIN (L. J.)

133 — *Voltaire*, in-8, d'après M. Q. de La Tour.
Trois portraits différents, un est en double avant toute lettre.

134 — *Pierre Rousseau*, né à Toulouse. — *J. Benigne Bossuet*, deux portraits in-8.
Belles épreuves, marges.

135 — *Jeanne d'Arc*, en pied.
Belle épreuve, grandes marges.

CATHELIN, DAULLÉ

136 — *Marie-Thérèse*, reine de Hongrie, deux portraits.
Belles épreuves, marges.

CATHELIN et LE BEAU

137 — *Mme la Marquise de Pompadour*, in-8, trois portraits.
Belles épreuves, marges.

CATHELIN, DELATRE, DE MARCENAY

138 — *Jeanne d'Arc*; dix portraits différents.
Belles épreuves, grandes marges.

CAYLUS (Comte de) et VACHEZ

139 — *Voltaire*, en pied, sept portraits différents.
Belles épreuves.

CHENU, FLIPART, LITTRET

140 — *M. Favart.* — *Madame Favart,* trois portraits in-8.
Très belles épreuves, marges.

CHEREAU (F.)

141 — *Boileau* (Nic.), in-4, d'après Rigaud.
Très belle épreuve.

CHOFFART (P. P.)

142 — *Palissot* (Charles), d'après Monnet, in-8.
Très belle épreuve à toute marge.

COCHIN (C. N.)

143 — *J. d'Alembert.* — *Marc René, Mis de Voyer.* — *P. L. de Belloy.* — *P. I. Boudot.* — *Ch. de Brosses.* — *De Caradeuc de la Chalotais.* — *H. Ph. Chauvelin.* — *F. de Chevert.* — *Cl. Al. Clairaut.* — *Ch. Duclos,* onze portraits, in-4.
Belles épreuves, grandes marges.

144 — *Hue, Mis de Miromesnil.* — *David Hume.* — *Marquis S. Maffei.* — *P. J. Mariette.* — *Ant. de Parcieux.* — *J. B. Pigalle.* — *Alexis Piron,* sept portraits in-4.
Belles épreuves, grandes marges.

145 — *Raynal.* — *J. A. Rigoley de Juvigny.* — *A. L. Séguier.* — *L. G. Scroux d'Agincourt.* — *Antoine Thomas.* — *J. Ch. Ph. Trudaine.* — *A. B. J. Turgot.* — *Cl. H. Watelet,* neuf portraits in-4.
Belles épreuves, grandes marges.

COCHIN (d'après C.-N.)

146 — *M. Lady Hervey,* in-4, par Watelet.
Très belle épreuve, grandes marges.

COLLIER (Affaire du)

147 — *Comtesse de Cagliostro.* — *Comte de Cagliostro.* — *Mlle Leguay d'Esigny.* — *Cardinal de Rohan.* — *Comte de La Motte.* — *Comtesse de La Motte.* — *Baron de Fages,* vingt-trois portraits.
Belles épreuves imprimées en bistre et en noir, plusieurs sont en couleur.

COLLIER (Affaire du)

148 — Suite de vingt portraits in-4, gravés à la manière de lavis et publiés chez Basset.

Belles épreuves, grandes marges.

COLIN (de Nancy)

149 — *Stanislas premier*, roy de Pologne, duc de Lorraine et de Bar, in-4 en pied.

Très belle épreuve, petites marges.

COLNAGHI (A Londres chez)

150 — *Louis XVII* à genoux, in-4.

Superbe épreuve imprimée en couleur, grandes marges.

COOPER, LE TELLIER, PRUNEAU

151 — *La chevalière d'Eon de Beaumont*, cinq portraits in-8.

Belles épreuves, grandes marges.

COSWAY (d'après R.)

152 — *Madame Necker*, in-8, par Schiavonetti.

Très belle épreuve, grandes marges.

CROISIER (M.-A.)

153 — Allégorie d'après Cochin, avec portraits de *Louis X VI* et *Marie Antoinette*.

Belle épreuve, grandes marges.

CUSTODIS (D.)

154 — *Henri IV*, in-8, cadre orné.

Très belle épreuve.

DAVID (C.)

155 — *François de Paule* (Le Bienheureux), in-8.

Belle épreuve.

DAVID (E.)

156 — *Catherine II*, d'après Mlle Rameau.

Très belle épreuve.

157 — *Diderot*, in-4, d'après Van Loo.

Très belle épreuve avant toute lettre, marges.

DELATTRE

158 — *Jeanne d'Arc.* — *Linguet.* — *Louis,* dauphin, trois portraits, in-8.
  Belles épreuves, grandes marges.

DE LAUNAY (R.) et FITLER

159 — *Comte de Tressan,* in-8, deux portraits.
  Belles épreuves dont une avant toute lettre.

DELVAUX

160 — *Voltaire,* in-18, édition de Cazin.
  Très belle épreuve avant toute lettre, marge.

DEMAUTORT

161 — *Voltaire,* in-8, d'après Largillière, pour l'édition de Kehl.
  Superbe épreuve avant toute lettre.

DESRAIS (d'après C. L.)

162 — Frontispice allégorique avec médaillons, représentant Louis XVI et Marie-Antoinette, par J. Marchand.
  Belle épreuve.

163 — La Renommée couronnant le *buste de Voltaire,* in-4.
  Deux épreuves, une est imprimée à la sanguine et l'autre aux deux crayons.

DESROCHERS (A Paris chez)

164 — Cent vingt-trois portraits in-8 de personnages célèbres.
  Belles épreuves du premier tirage avec l'adresse, marges in-4.

DIVERS

165 — *Acteurs et Actrices,* cinquante-sept portraits in-8 et in-4, anciens et modernes.
  Belles épreuves, plusieurs sont avant la lettre.

166 — *Arioste* (L.), vingt-neuf portraits différents, in-12 et in-8.
  Belles épreuves, plusieurs sont avant la lettre.

167 — *Frédéric II, roi de Prusse,* quarante-sept portraits in-12 et in-8.
  Belles épreuves, plusieurs sont avant la lettre, deux sont en couleur.

DIVERS

168 — *Louis XIV*, cinquante portraits différents in-8 et in-4.
Belles épreuves, plusieurs sont avant la lettre.

169 — *Louis XV*, onze portraits différents.
Belles épreuves.

170 — *Racine* (Jean), quarante-six portraits différents in-12 et in-8.
Epreuves à toute marge, plusieurs sont avant la lettre

171 — *Voltaire*. Réunion de quatre cents trois portraits différents.
Belles épreuves, un grand nombre sont avant la lettre, et à l'eau-forte pure

172 — *Catherine d'Aragon*. — *Comte de Caylus*, par de Launay. — *Mlle Clairon*, par Lips et Littret. — *Prince de Condé*, par Levachez. — *P. Corneille*, buste, par Elisabeth Thiébaut. — *Diderot*, profil in-4, à l'eau-forte. — *Elisabeth Pétrowna*, par Mairet.
Belles épreuves, plusieurs sont avant la lettre.

173 — *Frédéric II*, par Berger. — *Frédérique Charlotte*, princesse de Prusse, par Balzer. — *Gluck*, par Janinet. — *Grétry*, par Simon. — *Louis, Dauphin de France* — *Mandini*, d'après Moreau le Jeune. — *Necker*. — *c de Nivernois*. Huit portraits in-8.
Très belles épreuves, trois sont avant la lettre.

174 — *Philippine Charlotte*, princesse de Prusse. — *Rameau*, par Carmontelle. — *Comte de Shaftesbury*, par Baron. — *Souwaroff*, par Delvaux. — *Tartini*, violoniste. — *Valenciennes*, d'après Moreau. — *Vergier*, poète. — *Voltaire*, eau-forte, par Huber. — *Villars*, par Sergent. — *Voisenon*, par de Launay, dix portraits.
Belles épreuves, quatre sont avant la lettre.

175 — *Bibliophiles Français*, trente portraits in-8, gravés par Staal.
Epreuves à toute marge.

DIVERS

176. — Recueil de cinquante-cinq portraits, publiés chez Blaisot, in-8, dem. rel.

Epreuves du premier tirage, à toute marge.

177. — Répertoire du Théâtre français, suite de quarante-cinq portraits in-8, gravés à l'eau-forte, par Lefort.

Epreuves avant la lettre, tirées à la sanguine.

178. — Personnages modernes et de l'École romantique: G. Sand. — Th. Gautier. — Ch. Nodier. — Lud. Halévy. — J. Janin, — Ed. et J. de Goncourt. — Theuriet, etc.

Vingt-deux portraits, dont plusieurs avant la lettre.

179 — Environ dix mille portraits anciens et modernes, ayant servi à l'illustration des œuvres de Voltaire, grand in-8.

La plupart des épreuves sont remargées.

DREVET (P.)

180 — *Fénelon* (Fr. de la Mothe), in-4, d'après Vivien.

Très belle épreuve, petites marges.

DUCHANGE (G.)

181 — *Shakespeare* (William), d'après Arlaud.

Superbe épreuve avant la lettre, petites marges.

DUFLOS (P.)

182 — Frontispice allégorique avec portrait de *Voltaire* en médaillon, d'après De Guigne et Desrais, in-8.

Deux épreuves, dont une à l'eau-forte pure.

DUHAMEL, LE BEAU

183 — *Prince et Princesse de Piémont. — Comte et Comtesse de Provence*, quatre portraits, in-8.

Belles épreuves, grandes marges.

DUMESNIL (Mlle)

184 — *Ormesson* (M. d'), premier Président du Parlement de Paris, d'après Vallen-Venen.

Très belle épreuve.

DUPIN, fils

185 — *L'abbé Voisenon. — Helvétius*, deux portraits in-8.
     Très belles épreuves, une est avant la lettre, marges.

186 — *Jean de Lafontaine. - Marie-Thérèse. — De Maurepas. — Duc de Penthièvre. — Cardinal de Rohan*, cinq portraits in-8.
     Belles épreuves, grandes marges.

187 — *J. d'Alembert. — Duc de Crillon. — Diderot. — Dorat*, six portraits in-8.
     Belles épreuves à toute marge.

EDELINCK (N. Et.)

188 — *Louis XIV*, d'après Rigaud, in-8.
     Superbe épreuve, avant toute lettre, marges.

189 — *Marie de Rabutin Chantal, marquise de Sévigné*, in-8.
     Très belle épreuve avant le trait d'union, sans marges.

ELSTRACKE (R.)

190 — *Philippe Sidnei*, in-8 orné, 1586.
     Très belle épreuve.

ESNAULT et RAPILLY (chez)

191 — *Gabrielle d'Estrées. — Cardinal de Rohan. — Hue de Miromesnil. — Louis Auguste, dauphin. — Marmontel. — De la Harpe*, six portraits in-8.
     Très belles épreuves, marges.

FESSARD (Et.)

192 — *Marquise du Chatelet. — Charles de Fieux*, chevalier de Mouhy, deux portraits.
     Belles épreuves, petites marges.

193 — Mort de Poulpe, chirurgien de M. de Voltaire. — Le Triomphe de Rameau, deux pièces en largeur, d'après Durand.
     Très belles épreuves, une est sans marge.

FESSARD (M.)

194 — *Dorat*, poète, in-8, cadre orné, d'après Hoin.
Très belle épreuve, à toute marge.

195 — Le même portrait.
Deux épreuves, dont une avant l'encadrement, très rare

FEUCHÈRE

196 — *Daumier*, lithographie, in-4.
Belle épreuve avant la lettre, toute marge.

FICQUET (E.)

197 — *Arioste*, in-12, et in-8, quatre portraits.
Belles épreuves, une est avant la lettre.

198 — *Chennevières*, in-8.
Belle épreuve du 1er état avec le mot : *Cincère*.

199 — *Corneille* (Pierre). — *Crébillon*. Quatre portraits.
Belles épreuves.

200 — *Descartes*, d'après Hals, in-8.
Superbe épreuve du 3· état, avant les noms d'artistes, grandes marges.

201 — *Eisen* (Charles), d'après Vispré, in-8.
Belle épreuve, petites marges. On y a joint deux épreuves de la reproduction

202 — *Fénelon*, d'après Vivien, in-8.
Belle épreuve, marges.

203 — *La Fontaine*, d'après Rigaud, in-8, orné, sur le socle la
fable du Loup et de l'Agneau.
Très belle épreuve avec le ruisseau blanc, marges.

204 — Le même, portrait.
Trois épreuves avec le ruisseau ombré.

205 — Le même portrait.
Belle épreuve, toute marge.

206 — *La Fontaine*, d'après Rigaud, in-8, pour les Contes.
Très belle épreuve, petites marges.

FICQUET

207 — *La Mothe le Vayer*, deux portraits différents, in-8.

Très belles épreuves.

208 — *Maintenon* (Françoise d'Aubigné, marquise de), d'après Mignard, in-8.

Très belle épreuve., toute marge.

209 — *Montaigne*, d'après Dumonstier, in-8.

Deux épreuves, marges.

210 — *Rousseau* (Jean-Baptiste), d'après Aved, in-8.

Très belle épreuve avant la lettre, grandes marges.

211 — *Rousseau* (Jean-Jacques), d'après La Tour, in-8.

Superbe épreuve avant la lettre, marges.

212 — *Swift* (Le docteur), in-12.

Belle épreuve avec marge.

213 — *Voltaire*, d'après La Tour, in-8.

Superbe épreuve du 1er État avant l'inscription sur la tablette, grandes marges.

214 — Le même portrait.

Deux épreuves avec la lettre, grandes marges.

215 — *Bernouilli*. — *Chaulieu*. — *Duquesne*. — *Duchesse de Fontange*. — *Maimbourg*. — *Mignard*. — *Abbé Prévost*. — *Puffendorf*. — *Tite-Live*, neuf portraits.

Belles épreuves, du premier tirage.

216 — *Roussseu* (Jean-Baptiste). — *Vadé*. — *Voltaire*, cinq portraits.

Belles épreuves.

FUGÈRE (J.-M.)

217 — Acteurs français, quarante-huit portraits, in-12, gravés à à l'eau-forte.

Épreuves sur papier vergé, à toute marge.

FUGÈRE (J.-M.)

218 — Acteurs de la Comédie-Française, vingt-cinq portraits, in-12,
gravés à l'eau-forte.
Trois exemplaires, avant et avec la lettre.

GAUCHER (S. C.)

219 — *Cervantès*, d'après Quéverdo, in-8, orné (H. B. 38).
Deux épreuves avant la lettre, dont une à l'eau-forte avancée, toute marge.

220 — *Fénelon*, d'après Vivien, ovale 1er état (H. B. 59). — *Le
même*, in-12 (60).
Belles épreuves avant la lettre, grandes marges.

221 — *Joseph II*, en-tête pour les annales du règne de Marie-
Thérèse, d'après Moreau le jeune.
Belle épreuve en tirage à part, grandes marges.

222 — Le même portrait.
Superbe épreuve avant toute lettre, grandes marges. Très rare.

223 — *Laborde* (Jean-Benjamin), petit ovale, d'après Durameau
(H. B. 86).
Deux épreuves, dont une avant la lettre, marges.

224 — *Malesherbes* (Ch.-G. Lamoignon), in-8 (H. B. 107).
Deux épreuves, dont une avant toute lettre, marges.

225 — *Marie-Antoinette*, d'après Moreau le jeune.
Belle épreuve avec le texte gravé.

226 — *Métastasio* (Pietro), d'après Steiner, in-8 (H. B. 116).
Belle épreuve avant la lettre, marges.

227 — *Montausier* (le duc de), d'après Ferdinand, in-8 (H. B. 118)
Belle épreuve avant la lettre, marges.

228 — *Fortunée B. Briquet.* — *Buffon.* in-8. — *J.-Fr. Cailhava
— Cervantès.* — *Dupaty*, in-18. — *Dupaty*, in-4. — *Gus-
tave III.* — *Edmond Hallez.* — *Ch.-J.-Fr. Hénault.* —
Henri de Prusse, dix portraits.
Belles épreuves, deux sont avant la lettre.

GAUCHER (S. C)

229 — *J.-Ph. Lebas.* — *François Lefort.* — *Lamoignon de Malesherbes.* — *Nicole.* — *Blaise Pascal.* — *J.-J. Rousseau.* — *J.-P. André de Saint-Marc*, sept portraits.
Belles épreuves.

GAULTIER (Léonard)

230 — *Amyot* (Jacques), évêque d'Auxerre. — *Birague* (Réné cardinal de). — *Charles de Bourbon*, cardinal de Vendôme, trois pièces.
Belles épreuves.

231 — *Bourbon* (Henry de), prince de Condé, in-8, cadre orné.
Très belle épreuve.

232 — *Bourbon* (Henry de), prince de Condé, âgé de XV ans, in-8 à cheval, d'après J. Le Clerc.
Très belle épreuve.

233 — *Charles IX.* Roi de France. — *Pierre Charron*, parisien, deux pièces.
Bel'es épreuves.

234 — *Henri III*, in-8, cadre orné. — *Claude Fauchet*, in-4, deux pièces.
Belles épreuves,

235 — *Espernon* (Le duc d') — *Joyeuse* (Le duc de). — *Anjou* (M. le duc d'), 1587, trois pièces in-8, d'après Gourdelle.
Belles épreuves, grandes marges.

236 — *Henri IV*, roi de France, à cheval. — Le même avec toque, d'après J. Le Clerc. — Le même avec cuirasse, tête laurée. — Le même, avec couronne royale. — Le même, tenant une épée, cinq pièces in 8.
Très belles épreuves.

237 — *Longueville* (Henry d'Orléans, duc de), in-4, cadre orné.
Superbe épreuve.

GAULTIER (Léonard)

238 — *Saint-Louis*, in-4. — *M. le duc de Parme*, in-8. — *Charles*, cardinal de Lorraine, in-4, trois pièces.
Belles épreuves.

239 — *Louis XIII* enfant, en pied, 1611, d'après J. Messager. — Le même, jeune, in-8 et in-4, trois portraits.
Superbes épreuves.

240 — *Marie Stuart*, reine d'Ecosse, d'après Gourdelle, in-8.
Très belle épreuve, petites marges.

241 — *Marguerite de Valois*, reine de Navarre, in-8.
Superbe épreuve, petites marges.

242 — *Papire Masson*, avocat. — *Rouillard* (Seb.) jurisconsulte, né à Melun. — *P. Ovide Nasson*. — *Etienne Pasquier*, quatre portraits in-8.
Belles épreuves,

GANTREL

243 — *Bossuet* (Jacques-Benigne), évêque de Condom, in-8.
Superbe épreuve, petites marges.

GOLTZIUS (Henri)

244 — *Henri IV*, ovale in-8, à l'âge de 40 ans, 1592.
Très belle épreuve.

GRANTHOMME (Jacques)

245 — *Sixte V*, pape.
Belle épreuve.

GRATELOUP (J.-B.)

246 — *Rousseau* (J. B.), d'après Aved.
Très belle épreuve sur papier de Chine.

247 — *John Dryden*, d'après Kneller.
Très belle épreuve sur papier de Chine.

GUÉLARD

248 — *Parisière* (Jean-César-Rousseau de la), évêque de Nimes.
Très belle épreuve, petites marges.

GUYOT

249 — Triomphe de Voltaire, d'après Le Seur. Bas-relief de l'autel
de la Patrie exécuté pour la Fédération au Champ de Mars de
1791, gravure à l'aquateinte.
Deux épreuves tirées en noir et en bleu.

HENRIQUEZ, KLAUBER

250 — *Pierre le Grand*, trois portraits in-8 et in-12.
Très belles épreuves, une est avant toute lettre, marges.

HOGENBERG (les)

251 — *Henri IV*, 1595, in-8. — *Louis XIII*, enfant à cheval. —
Marie d'Autriche. — *Marie de Médicis*, quatre portraits.
Très belles épreuves.

HOULANGER

252 — *Louis XIII* en pied, in-8.
Belle épreuve.

HOUVE (Paul de la)

253 — *Henri IV*, in-8.
Su, erbe épreuve, petites marges.

254 — *Jeanne d'Albret*, reine de Navarre.
Très belle épreuve.

255 — *Henriette de Balzac*, marquise de Verneuil.
Belle épreuve.

HUBERT

256 — *Comte d'Artois*. — *Comtesse de Provence, Fréron*,
quatre portraits, in-8.
Très belles épreuves, marges.

HUBERT, DUPUIS

257 — *Louis XVI*. — *Marie-Antoinette*, deux portraits in-8.
Belles épreuves, grandes marges.

HUBER

258 — Trente-cinq portraits différents de *Voltaire*, gravés à l'eau-
forte sur la même feuille.
Quatre épreuves en différents états.

ISAAC (G.)

259 — *Danés* (P.) évêque de Lavaur, in-4.
Très belle épreuve.

JAGER (J. B.)

260 — *Paul Petrowitz* et *Marie Fœderowna*, in-12.
Belle épreuve, grandes marges.

JOLLAIN, excudit

261 — *Pub. Virgile Maro*, prince des poètes latins, in-8, orné.
Très belle épreuve, marges.

KIESER (E.)

262 — *Charles Emmanuel*, duc de Savoie. — *Jacques Ier*, roi
d'Angleterre. — *Henri-Frédéric*, comte de Nassau, trois portraits in-4 à cheval.
Belles épreuves.

KILIAN (Lucas)

263 — *Jean-Georges*, électeur de Saxe. — *Magdelène Sibylle*,
son épouse, 1630, deux portraits faisant pendants.
Belles épreuves.

KILIAN (Wolfgang)

264 — *Charles Ier*, roi d'Angleterre, ovale, in-8 avec la scène de
son exécution au bas.
Très belle épreuve.

LA LIVE DE JULLY (A. L. de)

265 — Son portrait d'après C. N. Cochin, in-4.
Très belle épreuve, grandes marges.

LANGEAC (L.)

266 — *Louis Phelyppeau* (IV duc de la Vrillière), in-4, 1768.
Superbe épreuve avant la lettre, marges

LANGLOIS (P. G.)

267 — *Voltaire*, in-4, d'après de La Tour.
Trois épreuves d'artistes dont deux avec la tablette blanche et les noms à la
pointe, marges,

LASNE (Michel)

268 — *Rabelais* (François), docteur en médecine, deux portraits différents.
   Très belles épreuves.

269 — *André Duval*, docteur de Sorbonne. — *Nicolas de Neufville*, seigneur de Villeroy, deux portraits.
   Belles épreuves.

LE BEAU

270 — *Dorat*, poète, in-4 orné, d'après Queverdo.
   Superbe épreuve avant la lettre, marges.

271 — *Charles Secondat de Montesquieu*, in-8.
   Deux épreuves dont une avant la lettre, grandes marges.

272 — *Comte d'Artois. — Duchesse de Bourbon. — Catherine Alexiewna II. — Comtesse du Barry. — Ferdinand VI. — Jean Bart. — Duc de la Vrillère. — Louis XV. — de Maurepas. — Comte de Provence. — Tourville*, treize portraits.
   Belles épreuves, grandes marges.

LE CLERC (Jean)

273 — *Charles de Lorraine*, duc de Mayenne. — *Grégoire XV*, pape, deux pièces, in-8.
   Belles épreuves.

274 — *Henri III*, à cheval, d'après R. Boissard. — *Marie de Médicis*, régente, deux portraits.
   Belles épreuves.

LEGOUX

275 — *Dauberval* (Jean-Bercher), in-12.
   Belle épreuve imprimée à la sanguine, marges.

LE MIRE (Noël)

276 — *Rouelle* (Hilaire-Marin), apothicaire, d'après Frédou.
   Belle épreuve, grandes marges.

LEU (Thomas de)

277 — *Anjou* (Fr. de France, duc d'). — *Aumale* (Cl. de Lorraine
chevalier d'). — *Bourbon* (Charles de), comte de Soissons,
trois portraits.
> Belles épreuves.

278 — *Biron* (Ch. de Gontaut de). — *Bourbon* (Louis de), prince
de Condé). — *Bourbon* (Charles de), cardinal archevêque de
Rouen, trois portraits.
> Belles épreuves.

279 — *Bourbon* (Antoine de), roi de Navarre. — *Jeanne d'Albret*,
son épouse, 1597, deux portraits.
> Très belles épreuves.

280 — *Bourbon* (Henry de), prince de Condé, âgé de 9 ans, 1597.
— *Bourbon* (François de), prince de Conty, deux portraits.
> Belles épreuves.

281 — *Charles IX*, roi de France. — *Elisabeth d'Autriche*,
son épouse, deux portraits, in-8.
> Belles épreuves.

282 — *Elisabeth*, reine d'Angleterre. — *Espernon* (Jean-Louis
de Nogaret de la Vallette duc d'), deux portraits, in-8.
> Belles épreuves.

283 — *François Ier*, roi de France. — *Eléonor d'Autriche*, son
épouse, deux portraits, in-8.
> Belles épreuves.

284 — *François de Valois*, fils de François Ier. — *François II*,
roi de France, deux portraits.
> Très belles épreuves.

285 — *Gondy* (Henry de), évêque de Paris. — *Gonzague Clèves*
(Charles de), duc de Nevers, deux portraits.
> Très belles épreuves.

286 — *Henry II*, roi de France. — *Henry III*, roi de France,
deux différents, ensemble trois portraits.
> Très belles épreuves.

LEU (Thomas de)

287 — *Henry IV*, roi de France, assis sur le Trône.
Belle épreuve.

288 — *Henri IV*, roi de France. — *Marie de Médicis*, son
épouse, deux portraits, in-8, cadres ornés.
Superbes épreuves.

289 — *Juan d'Autriche* et *Alexandre Farnèse*, dans le même
cadre, in-8, d'après Rabel. — *Joyeuse* (Anne duc de), amiral
de France, deux portraits.
Très belles épreuves.

290 — *Lesdiguières* (Fr. de Bonne, Sr de), 1596, in-8.
Très belle épreuve.

291 — *Lorraine* (Henri de) duc de Guise. — *Lorraine* (Louis de)
cardinal de Guise, deux portraits.
Belles épreuves.

292 — *Lorraine* (Louise de), épouse de Henri III, d'après Ques-
nel, in-8.
Très belle épreuve.

293 — Le même personnage, en veuve, in-8.
Superbe épreuve.

294 — *Lorraine* (Louis de), cardinal de Guise. — *Lorraine* (Char-
les de) duc de Guise, lieutenant-général en Provence. — *M. A.
Lucain*, poète, trois portraits.
Belles épreuves.

295 — *Lorraine* (Philippe Emmanuel de), Duc de Mercœur. —
Michel de Montaigne, deux portraits.
Belles épreuves.

296 — *Marie de Médicis*, princesse de Florence, in-8.
Très belle épreuve.

297 — *Màrie Stuart*, reine d'Ecosse, in-8.
Belle épreuve.

LEU (Thomas de)

298 — *Nemours* (Henry de Savoie, duc de), in-8.
 Très belle épreuve.

299 — *Philippe II*, roi d'Espagne — *Passerat* (Jean), poète. —
 Pasquier (Etienne). — *Servin* (Louis), quatre portraits.
 Belles épreuves, marges.

LEULIE et LEBARBIER

300 — *Voltaire* conduit par le temps à l'immortalité, deux pièces
 in-8.
 Belles épreuves.

LEVÊSQUE, DE LAUNAY, FESSARD

301 — *Duc de La Vrillière*. — *Duc de Choiseul*. — *Marquis de
 Mirabeau*. — *Fr. de Lapeyronie*. — *Marquis de Montey-
 nard*, cinq portraits in-8.
 Belles épreuves, marges.

LIGNON (F.)

302 — *Bernardin de Saint-Pierre*, in-18, d'après Girodet-Trio-
 son.
 Trois épreuves avant la lettre, dont une à l'eau-forte pure, à toute marge.

LINGÉE (Mme)

303 — *Villette* (Mme la marquise de), d'après Pujos, in-8.
 Très belle épreuve, grandes marges.

LITTRET

304 — *Montesquieu* (Ch. de Secondat de), in-4, d'après de Sève.
 Très belle épreuve à toute marge.

MALEUVRE

305 — *Poullain de Saint-Foix* (G. S.), in-8.
 Très belle épreuve avant toute lettre, marges.

MALLERY (Carl de)

306 — *Garnier*, poète, d'après Rabel.
 Belle épreuve.

MARCENAY DE GUY

307 — *Comte d'Argenson.* — *Le Chevalier Bayard*, deux portraits, in-8.

Belles épreuves avant la lettre, marges.

308 — *Charles V.* — *Charles VII*, deux portraits, in-8

Belles épreuves avant la lettre, marges.

309 — *Henri IV.* — *Stanislas Auguste*, roi de Pologne. — *Sully.* — *Turenne*, six portraits.

Belles épreuves.

310 — *Jeanne d'Arc*, in-8.

Superbe épreuve avant toute lettre, marges.

311 — *Chancelier de l'Hospital.* — *Le Maréchal de Villars*, deux portraits.

Belles épreuves avant la lettre, marges.

MASQUELIER

312 — *Laborde* (Jean-Benjamin de), d'après Denon, in-8.

Belle épreuve, remargée.

MARE (T. de)

313 — *Fragonard* (Honoré), in-12, à l'eau-forte.

Deux épreuves de graveur, dont une à l'eau-forte pure.

MASSOL

314 — *Voltaire* avec scène au bas, représentant les adieux de Calas à sa famille, d'après Queverdo.

Deux épreuves, grandes marges.

MAUCLER (J.)

315 — The muses crowning the *Bust of Voltaire*, jolie pièce ovale d'après Angelica Kauffman.

Très belle épreuve en couleur, grandes marges.

MONDHARE (à Paris chez)

316 — *Broglie* (V. Fr. duc de). — *Comte d'Estaing*, deux portraits, in-8.

Belles épreuves.

MOREAU LE JEUNE (J.-M.)

317 — *J. Bⁿ de la Borde*, premier valet de chambre ordinaire du
roi, in-8, d'après Denon.
> Très belle épreuve, marges.

318 — *Jarente* (L. de), évêque d'Orléans.
> Superbe épreuve du premier état à l'eau-forte pure, grandes marges.

319 — *Marie-Thérèse d'Autriche*, d'après Durameau.
> Belle épreuve en tirage à part, marges.

320 — *La Fontaine* (J. de), in-8, gravé par N. Le Mire pour les
Fables Causides.
> Très belle épreuve avant la date de 1776, marges.

321 — *Charles*, roi de Sardaigne. — *Louis XV*, deux pièces gravées par Lempereur.
> Belles épreuves en tirages à part, marges.

322 — *Louis XV*, deux vignettes têtes de page, relatives à l'École
militaire, et à la bataille de Fontenoy, gravées par N. de Launay, 1774.
> Belles épreuves en tirages à part.

MUS

323 — *The Countess Valois de la Mothe* in the Salpétrière, in-4,
d'après Pernotin.
> Belle épreuve ; petites marges.

NÉE, MASQUELIER, SAYER

324 — Le Lever du Philosophe de Ferney. — Le Déjeuné de Ferney, trois pièces.
> Belles épreuves.

ODIEUVRE (à Paris, chez)

325 — *Eléonore Galigaï, maréchale d'Ancre*. — *Adrienne Le
Couvreur*. — *Marguerite de Valois*, reine de Navarre,
trois portraits.
> Belles épreuves avant toute lettre.

ODIEUVRE (à Paris, chez)

326 — *Charles Emmanuel III,* roi de Sardaigne. — *Comte de Forbin.* — *Guyot Desfontaines.* — *Houdart de La Motte.* — *Ch. de Lafosse.* — *Leibnitz.* — *Lulli.* — *Cardinal Quirini.* — *Sanadon.* — *Sublet.* — *Des Noyers,* dix portraits in-8.
Belles épreuves avant toute lettre.

327 — Deux cent soixante-six portraits, in-8.
Belles épreuves, marges in-4, la plupart sont du premier tirage.

ORME (D.)

328 — *Stanislas Augustin,* King of Poland, d'après Le Brun.
Belle épreuve, imprimée en couleur.

PASSE (Crispin de)

329 — *Christophe Colomb,* in-8.
Superbe épreuve.

330 — *Christian IV,* roi de Norvège. — *Henri Frédéric,* prince de Nassau. — *Nicolas Pasquier,* maître des requêtes, 1623, trois portraits.
Belles épreuves.

331 — *Isabelle d'Autriche.* — *Antonie de Lorraine,* 2me femme de J. G. duc de Clèves. — *Anne,* femme de Philippe Louis de Neubourg. — *Madelène,* femme de Jean, des Deux-Ponts. — *Catherine de Bourbon,* sœur unique de Henri IV, six portraits in-8.
Très belles épreuves.

PASSE (Simon de)

332 — *Lamoral,* comte d'Egmont, in-4 en pied.
Belle épreuve, grandes marges.

PATAS

333 — *Marie Leckzinska,* in-8, d'après Prévost.
Très belle épreuve, à toute marge.

PICART (Jean)

334 — *Henri IV,* profil dans un ovale, médaille et revers.
Superbe épreuve, marges.

PILDING (à Amsterdam, chez)

335 — *Louis Auguste*, dauphin. — *Marie-Antoinette*, dauphine,
deux portraits in-8.
Belles épreuves, grandes marges.

PRÉVOST

336 — *Voltaire* (M.-F. Arouet de), de l'académie française, en
son château de Ferney, in-8.
Très belle épreuve, petites marges.

QUENEDEY

337 — Cent cinq portraits gravés au physionotrace, de personnages de la Révolution.
Épreuves à toute marge.

QUEVERDO (d'après)

338 — *Florian* (J.-P. de), in-4, avec scène au bas.
Très belle épreuve avant toute lettre, grandes marges.

R. 1576

339 — *Marot* (Clément), poète français, in-4.
Superbe épreuve.

REGNESSON (N.)

340 — *Longueville* (Duchesse de), d'après F. Chauveau.
Très belle épreuve.

RICHARDSON (W.).

341 — Le Héros de Ferney, au théâtre de Châtelaine,
Ne prétends pas à trop, tu ne saurais qu'écrire
Tes vers forcent mes pleurs, mais tes gestes me font rire.
ANON :

pièce satyrique, gravée à l'eau-forte, signée J. O. Ft, 1772.
Belle épreuve, très rare.

ROMANET (A.)

342 — *Robert Nanteuil*, graveur. — *Le Roy*, horloger. — *Dame
Julie de Villeneuve Vence de Saint-Vincent*, petite-fille de
madame de Sévigné, trois portraits.
Belles épreuves, une est avant toute lettre, marges.

ROULLET (J.-L.)

343 — *Le Camus* (Etienne), évêque de Grenoble, in-8.
Superbe épreuve avant la lettre, petites marges.

ROUSSELET (Magd. Th.)

344 — *Berthier* (Guill. Franc.), jésuite, né à Issoudun, in-8.
Très belle épreuve, marges.

SADELER

345 — *Torquato Tasso*, 1617, in-4.
Belle épreuve.

SAINT-AUBIN (Aug. de)

346 — *Beaumarchais* (P.-A. Caron de), d'après Cochin, in-4
(E. B. 14).
Très belle épreuve à toute marge.

347 — Le même portrait.
Superbe épreuve du 1er État, à l'eau-forte pure.

348 — *Catherine II.* d'après F. de Meys, in-8 (E. B. 36).
Belle épreuve du premier État, avant les noms d'artiste, toute marge.

349 — *Condorcet*, in-8 (E. B. 53).
Belle épreuve du premier état avec le monogramme, marges.

350 — *D'Alembert et Diderot*, frontispice de l'Encyclopédie (E.
B. 65).
Belle épreuve, marges.

351 — *Henri IV*, in-8 (E. B. 101).
Deux épreuves en états différents, grandes marges.

352 — *Molé*, in-4, d'après Aubry (E. B. 177).
Belle épreuve du 3· état, avec les noms d'artistes tracés à la pointe, marges.

353 — *Voltaire*, in-4 de profil, d'après le buste de Lemoyne (265).
Deux épreuves, dont une à l'eau-forte pure.

354 — *Voltaire*, in-8, d'après Denon (266).
Deux épreuves dont une avant la lettre, et la tablette blanche, marges.

SAINT-AUBIN (Aug. de)

355 — *Voltaire*, in-12 de profil (268).
    Superbe épreuve avant toute lettre et avant l'encadrement, marges.

356 — *Voltaire, Fréron et La Beaumelle*, frontispice in-8, pour
    les Commentaires de la Henriade. (E. B. 269).
    Belle épreuve du premier état à l'eau-forte pure, marges.

357 — Le même,
    Très belle épreuve du 2ᵉ état, avant toute lettre.

358 — *Voltaire*, quatre portraits différents.
    Belles épreuves, deux sont doubles, avant la lettre et à l'eau-forte pure
    six pièces.

359 — *Saint Non* (J. C. Richard, abbé de), ovale in-8 (E. B. 354).
    Belle épreuve du premier état, la légende à la pointe, marges.

360 — *P. J. Bitaubé. — Clairaut. — Crébillon le fils. — Dide-
    rot. — Gluck. — Helvétius. — Miss Jennings*, huit portraits
    in-8 et in-4.
    Belles épreuves, deux sont avant la lettre.

361 — *Linguet. — G. de La Motte-Piquet. — J. Ph. Rameau.
    — Stanislas Auguste*, roi de Pologne, quatre portraits.
    Belles épreuves.

362 — Quarante-quatre portraits, in-18 et in-8, publiés par
    Renouard.
    Epreuves à toute marge.

363 — Dix-neuf portraits de la même collection.
    Belles épreuves avec la lettre grise, toute marge.

SAINT-AUBIN (par et d'après A. de)

364 — *Pierre-le-Grand*, in-4, trois portraits différents,
    Belles épreuves.

SAINT-AUBIN (genre de Gabriel de)

365 — *Voltaire*, à cheval sur Rousseau se présente à Pluton, eau-
    forte, petit in-4.
    Belle épreuve, rare.

SAVART (P.)

366 — *Alembert* (D.), d'après Mlle Lusurier, in-8.
Belle épreuve avant la lettre, grandes marges.

367 — *Bayle,* in-8.
Superbe épreuve avant toute lettre, marges.

368 — *Richelieu* (Cardinal de), d'après Champaigne, in-8.
Belle épreuve, avant la lettre, sans marge.

369 — *Boileau.* — *Buffon.* — *Catinat.* — *Colbert.* — *Prince de Condé.* — Mlle *Deshoulières.* — *Fontenelle,* huit portraits.
Belles épreuves.

370 — *La Bruyère,* deux différents. — *Rabelais.* — *Racine.* — *Le Tasse,* six portraits.
Belles épreuves.

SCHMIDT

371 — *Parrocel,* d'après Rigaud, in-8.
Belle épreuve avant la lettre, sans marge.

SCHUPPEN (P. Van)

372 — *David* (le roi), d'après Ph. de Champaigne, in-8.
Belle épreuve.

SERGENT (d'après)

373 — Recueil de cent-vingt-quatre portraits et scènes historiques, gravés en couleur et publiées chez Blin, in-4, cartonné.
Belles épreuves.

SICHEM

374 — *Robert Dudlei,* comte de Leicester. — *François de Valois,* duc d'Alençon, deux portraits en pied.
Belles épreuves.

SORNIQUE (D.)

375 — Frontispice allégorique avec portrait en médaillon, d'après Ch. Eisen.
Très belle épreuve, avec les noms d'artistes à la pointe.

SPILSBURY (Printed. for J.)

376 — *Charlotte* queen of great Britain, in-8, à la manière noire.
Très belle épreuve, marges.

SPOONER (C.)

377 — *George the Thrid*, king of great Britain. — *Charlotte,*
queen of great Britain, in-8, à la manière noire.
Belles épreuves.

STEWART (John)

378 — *Miss Paton* as Susanna, in the marriage of Figaro.
Belle épreuve avec la lettre grise, sur papier de Chine, à toute marge.

STRIEDBEEK (I.)

379 — *Choiseul* (Etienne-François, duc de).
Tres belle épreuve avant les vers.

TARDIEU (Alex.)

380 — *Benjamin Francklin.* — *Turgot.* — *Stanislas-Auguste —
Poniatowsky.* — *Catherine II.* — *Pierre III,* cinq portraits.
Belles épreuves, quatre sont avant la lettre,

381 — *Voltaire,* in-8, d'après le buste de Houdon, 1817.
Trois épreuves dont deux avant la lettre, à toute marge.

TARDIEU (J.)

382 — *Oudry* (Jean-Baptiste), d'après de Largillière.
Belle épreuve, petites marges.

TARDIEU (N)

383 — *Montausier* (duc de), in-8, d'après Ferdinand.
Belle épreuve, marges.

TAVERNIER (M.)

384 — *Loberan* (François de), de Montigny, seigneur d'Ablon,
in-4.
Très belle épreuve, marges.

THOMASSIN (l.)

385 — *Ferriol* (Antoine de), comte de Pont-de-Veyle, in-8.
Très belle épreuve, sans marge.

TROUVAIN

386 — *Huet* (P. Daniel), évêque d'Avranches, in-8.
Très belle épreuve, petites marges.

VALLEGIUS (Franc.)

387 — *Henri IV*, coiffé de la couronne royale et tenant le sceptre
de la main droite, in-4, 1597.
Superbe épreuve.

VANGELISTY (V.)

388 — *Anne-Marie Martinozzi*, princesse de Conty. — *Armand
de Bourbon*, prince de Conty, deux portraits, in-8.
Belles épreuves, marges.

VÉRITÉ (à Paris chez)

389 — *Voltaire*, in-8, cinq portraits en différents états.
Belles épreuves, deux sont imprimées en couleur.

VISSHER (Jean)

390 — *Coligny* (Louise de), princesse d'Orange, in-4.
Très belle épreuve.

WORSTERMAN (Lucas)

391 — *Cosme de Médicis*, d'après P. L. Rubens, in-8.
Très belle épreuve.

WANT (Osmant)

392 — *Charles de Bourbon*, cardinal-archevêque de Rouen, in-8.
Superbe épreuve, petites marges.

WATSON (James)

393 — *Pompadour* (Mme la marquise de), d'après Fr. Boucher.
Très belle épreuve, petites marges.

WATSON (Thomas)

394 — *Ninon de Lenclos*, in-8, cadre orné.
Très belle épreuve.

WIÉRIX (Hiérome)

395 — *Albert,* archiduc d'Autriche et *Isabelle-Claire-Eugénie,*
son épouse. — *Charlemagne,* in-8 en pied, trois portraits.
Belles épreuves.

396 — *Dorléans* (Louis), magistrat, d'après O. Venius.
Superbe épreuve.

WILL et THOMASSIN

397 — *Louis-Anatole, cardinal de Noailles.* — *Jean-Louis de
Crillon,* archevêque de Narbonne, deux portraits in-8, en
travers.
Superbes épreuves, avant le texte au verso, petites marges.

ESTAMPES VIGNETTES

ADRESSES

398 — Ex-libris, adresses, frontispices, titres de musique, billets de bal, vingt pièces.
Belles épreuves.

ALMANACHS

399 — Le dessous des cartes, ou les intrigues galantes des dames, un titre et douze sujets. — Titre et quatre sujets pour un almanach de 1787. — Etrennes de Julie, treize pièces. — Sujets mythologiques, sept pièces.
Belles épreuves, cinq sont à l'eau-forte pure.

400 — Suite de un titre et douze sujets, in-32, pour un petit almanach de 1794.
Superbes épreuves à l'état d'eau-forte pure.

401 — Suite de un titre et douze sujets, in-18 publiés par Janet en 1796. — Suite de douze sujets pour un almanach du commencement du XIX· siècle.
Epreuves avant la lettre, avec la légende manuscrite

402 — Suite de huit sujets in-12, d'après Gravelot, pour la partie de chasse de Henri IV.
Epreuves avec le texte explicatif en regard.

403 — Suite de douze figures in-32, pour l'histoire de Galatée, par M. de Florian, attribuées à Queverdo.
Superbes épreuves à l'eau-forte pure, marges.

404 — Cinq compositions in-18, sujets tirés des chansons de Laborde.
Superbes épreuves à l'eau-forte pure, une planche est double, 6 pièces.

ALMANACHS

405 — Suite de douze sujets in-18, attribués à Borel.

Belles épreuves avant la lettre.

406 — Suite de douze sujets in 18 pour les mois de l'année, attribués à Queverdo.

Belles épreuves.

407 — Sujets séparés par ou d'après Chodowiecky, Desenne, Leroy, Queverdo et autres, cent trente-cinq pièces.

Belles épreuves, plusieurs sont avant la lettre, ou imprimées en couleur,

BARTOLOZZI (Fr.)

408 — Vénus Cupid and Satyr, d'après Luca Giordano.

Belle épreuve, grandes marges.

BEAUMONT (d'après Ed. de)

409 — Cendrillon et les fées, trente-trois aquarelles, *Paris, Boussod et Valadon* 1887.

Fac-simile en photogravure, belles épreuves, en carton.

410 — Barbe-bleue et la Belle au bois dormant, quarante-et-une aquarelles, *Paris, Boussod et Valadon*, 1888.

Fac-simile en photogravure, belles épreuves, en carton.

BENAZECH (Ch.)

411 — Le Braconnier, par Ingouf le jeune.

Belle épreuve avant la lettre, grandes marges.

BINET, BERTHET (d'après)

412 — Quarante-neuf vignettes, in-8, pour les œuvres de Rétif de la Bretonne.

Belles épreuves.

BOILY (C.)

413 — Encadrement pour le portrait de Choffard, édition de 1764.

Epreuve avec le médaillon en blanc, grandes marges.

BOILVIN, LEFORT, COURTRY

414 — D'après nature, par Costal, cinq pièces à l'eau-forte.

Epreuves d'artistes, avant la lettre.

BOLOMEY (d'après)

415 — Suite de douze figures, in-8, pour la bibliothèque de campagne, 1765.

Epreuves à toutes marges, en plus cinq planches doubles, dix-sept pièces.

BOREL (d'après)

416 — Suite de six figures, in-8, pour les œuvres de De Belloy, 1779.

Belles épreuves, on y a joint quatre planches avant la lettre et à l'eau-forte pure, ensemble dix pièces.

417 — Dix-sept planches, doubles des précédentes.

Belles épreuves.

418 — Suite de seize figures, in-8, pour les romans de Laplace, 1780.

Belles épreuves avant la lettre, marges in-4, on y a joint six épreuves d'artiste avant toute lettre, ou à l'eau-forte pure, 22 pièces.

419 — La même collection.

Epreuves avec la lettre, et planches doubles, environ quatre-vingts pièces, plusieurs sont avant lettre.

420 — Le Retour imprévu. — Le Joueur, deux pièces, pour les œuvres de Régnard, 1790.

Très belles épreuves avant la lettre, grandes marges.

421 — Suite de quatre figures, in-18, gravées par De Launay, pour l'Orpheline anglaise, épreuves avant la lettre, trois planches doubles à l'eau-forte pure, neuf pièces.

Epreuves à toute marge.

422 — Suite de deux portraits et huit figures, in-8, pour les Mémoires de Frédéric baron de Trenck.

Belles épreuves avant la lettre, marges.

423 — La même collection (deux exemplaires).

Epreuves avec la lettre, à toute marge.

424 — Sept vignettes, in-8 et in-18, pour les cantiques et pot-pourri.

Belles épreuves avant la lettre, grandes marges.

BOREL et MARILLIER (d'après)

425 — Deux portraits et treize figures in-8 pour les Elégies de Tibulle, 1795.

> Epreuves à toute marge, on a joint la planche de Marillier, épreuve avant la
> lettre.

BORNET, CHARPENTIER et DUPLESSIS-BERTAUX

426 — Suite de cent figures, in-8, pour l'histoire de Gil-Blas de
Santillane, 1796.

> Belles épreuves avant la lettre, marges

BOUCHER (d'après Fr.)

427 — Suite de neuf figures, in-4, pour Faunillane, où l'infante
Jaune, six planches doubles. Ensemble 15 pièces.

> Belles épreuves à grandes marges.

CAMPION (C.)

428 — *Espérance Félicité du Sablon de Guillonville*, médaillon
dans un cadre orné.

> Belle épreuve avec trois vignettes et culs-de-lampe, tirés sur la même
> feuille.

CARICATURES

429 — Cent-seize planches en noir et coloriées par ou d'après
Granville, Gavarni, Bouchot, Traviès, Philippon et autres.

> Belles épreuves, la plupart à toute marge.

430 — Cent quatre-vingt-deux planches d'après Gavarni, Daumier,
Trimolet, etc.

> Belles épreuves, plusieurs sont coloriées.

CATTELAIN (Ph.)

431 — Suite de douze figures, in-8, pour l'Alphabet de la perfec-
tion de la Malice des femmes, gravures sur bois.

> Belles épreuves imprimées à la sanguine sur papier de Chine volant.

CHARLET (d'après)

432 — Costumes militaires, cinquante planches en couleur. *Paris,*
J. Cahen, 1886.

> Epreuves à toute marge.

CHAUVET (J.)

433 — Vignettes et frontispices pour divers ouvrages galants et satyriques publiés à Paris et à Bruxelles, cinquante-six pièces.

> Epreuves de graveur, imprimées en noir, en bistre et à la sanguine, la plu-
> part sur papier de Chine volant.

CHEREAU (A Paris, chez J.)

434 — Les aventures de Don Quichotte, suite de seize estampes, in-
folio, gravées par Surugues et autres, d'après Ricar.

> Belles épreuves.

435 — Vue perspective du Champ de Mars, le 14 juillet 1790. —
Vue de Vincennes. — Prise de la Bastille. — Le cardinal de
Lorraine bénissant les assassins de la Saint-Barthélemy. —
Vue de Paris prise du pont Royal, six pièces.

> Epreuves coloriées, marges.

CHEVRIER (Jules)

436 — Suite de seize figures, in-8, gravées à l'eau-forte, pour les
Amoureux du livre par Fertiault.

> Belles épreuves.

CHODOWIECKY

437 — Suite de douze figures in-8, pour l'histoire de Gil-Blas,
publiées dans un almanach.

> Belles épreuves, petites marges.

438 — Suite de un portrait et vingt et une figures, in-8, pour Clarisse Harlowe, 1785, (deux exemplaires).

> Belles épreuves.

439 — Suite de douze figures, in-8, pour Huon de Bordeaux.

> Belles épreuves, (manque la planche 11.)

440 — Œuvres de J.-J. Rousseau, dix sujets.

> Belles épreuves plusieurs sont avant la lettre.

CHODOWIECKY (d'après)

441 — Suite de quatorze figures, in-12, pour l'histoire de Gil-Blas.

> Belles épreuves à toute marge.

CHODOWIECKY (d'après)

442 — Les Indiens en Angleterre, douze sujets. — Cabale et amour, douze sujets. — Coriolan, tragédie, douze sujets. — Evénements arrivés de 1756 à 1760 entre la Prusse et la Russie, douze sujets — Histoire de Charles XII, Pierre Ier, etc., douze sujets, ensemble soixante pièces, publiées dans des almanachs.

Belles épreuves.

CHOFFARD (P. P.)

443 — Etablissement de l'Académie des Sciences en 1666, in-12, tête de page (non décrit).

Superbe épreuve avant le texte au verso, marges.

444 — *Mariette*, frontispice au catalogue de sa collection, d'après C. N. Cochin, in-8, (H. B. 42).

Superbe épreuve à l'eau-forte pure, petites marges.

445 — Ex libris Hell. (H. B. 98).

Très belle épreuve à toute marge.

446 — Titres des tomes III et V, pour l'Histoire Amoureuse des Gaules, de Bussy Rabutin, 1754, in-12. (H. B. 354).

Trois épreuves avant la lettre, dont une avant les noms d'artistes, grandes marges.

447 — Suite de cinquante-huit fleurons pour les contes de Lafontaine, édition de 1762. (H. B. 416-473).

Superbes épreuves en tirages à part, grandes marges, cartonné.

448 — Trente-trois fleurons et en-têtes pour les Métamorphoses d'Ovide, 1767 (H. B. 475-512).

Belles épreuves en tirages à part.

449 — Dix-neuf pièces, doubles des précédentes.

Tirages à part.

450 — Six pièces doubles des précédentes.

Tirages à part.

CHOFFARD (P.-P.)

451 — Un fleuron de titre et quatre vignettes têtes de page, pour les saisons de Saint-Lambert, 1769, in-8 (H. B. 513-517).

Superbes épreuves en tirages à part, quatre épreuves sont à toute marge, on y a joint une épreuve pour l'hiver, eau-forte pure, en feuille.

452 — La même collection.

Tirages à part, petites marges, le fleuron est avec marges in-8.

453 — Un fleuron et deux en-têtes, doubles des précédents.

Tirages à part petites marges.

454 — Quatre en-têtes, copies retournées, sans noms d'artistes.

Tirages à part, petites marges, on y a joint une pièce double, ensemble 5 pièces.

455 — Un fleuron de titre et quatre vignettes têtes de page, pour les Saisons de Saint-Lambert, 1775, in-8 (H. B. 518-522).

Superbes épreuves, en tirages à part, à toute marge.

456 — La même collection.

Très belles épreuves, en tirages à part (deux pièces sont plus courtes).

457 — Suite de quatre vignettes têtes de page pour le Jugement de Pâris, poème par Imbert, 1772, in-8 (H. B. 523-526).

Superbes épreuves, en tirages à part, à toute marge (une épreuve est plus courte).

458 — Trois planches doubles de la collection précédente.

Superbes épreuves à l'eau-forte pure, deux sont à toute marge.

459 — Cinq planches doubles.

Tirages à part, petites marges, une est à l'eau-forte pure.

460 — Quatorze en têtes et un cul-de-lampe pour les Préjugés militaires par un officier autrichien (Le Prince de Ligne), 1780 (H. B. 562-579).

Très belles épreuves, en tirages à part, onze planches sont à toute marge.

461 — Treize planches doubles de la collection précédente, dont une à l'eau-forte pure.

Belles épreuves, marges irrégulières.

CHOFFARD (P.-P.)

462 — Défets de la même collection.
Plusieurs sont doubles.

463 — En tête, pour le Tome II, du dictionnaire des graveurs de
Basan (H. B. 585).
Belle épreuve, en tirage à part, marges.

464 — Armes du marquis de Marigny, tête de page pour un ouvrage
in-folio (H. B. 609).
Belle épreuve, en tirage à part, marges.

465 — En tête au chiffre du Roi, d'après Wotter (H. B. 610).
Superbe épreuve, en tirage à part, marges.

466 — Chiffre élégant, formé d'un L entrelacé avec une branche
de laurier (H. H. 614).
Très belle épreuve, grandes marges,

467 — Tête de page aux armes d'un cardinal (H. B. 616).
Belle épreuve, avant le texte au verso.

468 — Un aigle tenant des palmes dans le bec (H. B. 617).
Belle épreuve, tirage hors texte, grandes marges.

469 — La peinture, tenant sa palette, assise et montrant des
armoiries, en tête pour un ouvrage in-4 (H. B. 618).
Superbe épreuve, tirage hors texte, à toute marge.

470 — Fleuron au chiffre de Catherine II (H. B. 620).
Superbe épreuve en tirage à part, marges.

471 — Etiquette pour pharmacien, en tête des saisons, ex libris de
J.-Ph. Ledru, La muse des beaux arts, culs-de-lampe, dix
pièces.
Très belles épreuves en tirages à part.

472 — Femme nue dans un char. — Cul-de-lampe avec attributs
de berger. — Fleuron avec attributs de musique. — La muse
des beaux arts. — Portraits de Basan et de Mariette, etc.
Neuf pièces dont six en tirages à part, belles épreuves.

CHOFFARD (d'après P. P.)

473 — La muse des beaux arts met sous la protection de la Loi, le Génie, l'Etude et le Commerce, gravé par Tilliard, 1791.

> Belle épreuve à toute marge.

CHOFFARD et DUPLESSIS-BERTAUX

474 — Devoir, frontispice in-8, d'après P. Legrand.

> Très belle épreuve à toute marge.

CHOFFARD et MOREAU le jeune

475 — Cinq fleurons de titres pour les œuvres de J.-J. Rousseau, 1774 (H. B. 528).

> Superbes épreuves en tirages à part, deux sont à l'eau-forte pure, dont une à toute marge.

476 — Suite de cinq fleurons de titres, une vignette de dédicace, vingt-un culs-de-lampe et vingt-un en têtes pour l'histoire de la maison de Bourbon, par Desormeaux, 1779-1788 (H. B. 535-561).

> Superbes épreuves en tirages à part, la plupart à toute marge (deux sont avec la lettre).

477 — Vingt et une planches doubles de la collection précédente.

> Belles épreuves en tirages à part, quelques doubles.

CLAVAREAU (d'après)

478 — Suite de six figures, in-8, pour le cousin de Mahomet, par Fromaget, 1750.

> Belles épreuves.

COCHIN le fils (C. N.)

479 — Vignettes et fleurons pour la première édition, in-4, de l'Abrégé chronologique de l'histoire de France du président Hénault, 1749, quarante-quatre pièces.

> Belles épreuves en tirages à part, marges.

COCHIN le fils (d'après C. N.)

480 — Neuf vignettes et figures, in-12, pour l'Art de la guerre et traité des feux d'artifice, par Frézier, 1747.

> Belles épreuves en tirages à part, marges.

COCHIN le fils (d'après C. N.)

481 — Scène de l'avare (l'Ile des fous), par Flipart, 1761.
Belle épreuve avant la lettre, marges.

482 — Titre gravé, portrait du président *Hénault*, gravé par Gaucher, et vingt-neuf estampes allégoriques, in-4, pour l'Abrégé de l'histoire de France, 1765.
Belles épreuves à toute marge.

483 — Un titre gravé (à Paris, chez Mérigot) et trois figures, in-4, 1769.
Belles épreuves, deux planches sont doubles, 8 pièces.

484 — Rien n'est beau que le vrai, vignette frontispice, gravée par A. de Saint-Aubin, pour les Quatre poétiques, de Despréaux, 1771.
Superbe épreuve à l'eau-forte pure, marges in-4, rare.

485 — Psyché, changée en négresse, par A. de Saint-Aubin et Leveau, 1774.
Trois épreuves, dont une à l'eau-forte pure.

486 — Suite de six estampes, in-4, pour les Aventures de Télémaque, 1776.
Belles épreuves imprimées à la sanguine, grandes marges.

487 — Sept planches doubles des précédentes.
Belles épreuves, imprimées en noir et à la sanguine.

488 — Trois figures, in-8, pour l'Iliade d'Homère, 1776.
Epreuves en double état, avant et avec la lettre, grandes marges.

489 — Frontispice, in-8, gravé par A. de Saint-Aubin, pour l'Origine des grâces, par Mlle Dionis du Séjour, 1777.
Superbe épreuve à l'eau-forte pure, remargée.

490 — Bacchus et Ariane, vignette in-8, gravée par N. de Launay, pour l'Origine des grâces, 1777.
Deux épreuves, dont une avant la lettre, les noms à la pointe, marges.

491 — Suite de sept figures, in-4, pour l'Emile, de J.-J. Rousseau, 1780.
Très belles épreuves, avant la pagination, à toute marge.

COCHIN le fils (d'après C. N.)

492 — Cinq pièces, doubles des précédentes.
Superbes épreuves à l'eau-forte pure, marges.

493 — Suite de sept figures, in-8, pour l'Emile, de J.-J. Rousseau, 1780.
Belles épreuves avant la pagination ; une planche est double à l'eau-forte pure, 8 pièces.

494 — Quarante-huit estampes, in-4, pour la Jérusalem délivrée, 1784.
Belles épreuves avant la lettre, grandes marges (quelques planches doubles).

495 — Sept planches de la même collection.
Belles épreuves à l'eau-forte pure.

496 — Trente-six planches doubles.
Epreuves avec la lettre du 1er tirage.

497 — Joli frontispice, in-12, gravé par N. De Launay, pour les Amours de Léandre et Hero, 1784.
Deux épreuves dont une à l'eau-forte pure.

498 — Frontispices et figures, in-8, pour les fables nouvelles de Aubert et Lemonnier.—Les Etrennes lyriques.—L'origine des graces. — Bréviaire, etc., vingt-deux pièces.
Belles épreuves, plusieurs sont avant la lettre et en épreuves d'artiste, margés.

499 — En têtes pour oraisons funèbres, fleurons et culs-de-lampe pour divers ouvrages, vingt-sept pièces.
Belles épreuves en tirages à part, marges.

COCHIN le fils (attribué à C. N.)

500 — Trois figures, in-12, représentant les saisons, avec cartouche en regard, pour le texte.
Très belles épreuves, avant toute lettre, marges.

COCHIN, EISEN, MOREAU LE JEUNE (d'après)

501 — Fleurons, têtes de page et figures pour les aventures de Télémaque, texte gravé par Drouet 1781, quinze pièces.
Superbes épreuves avant la lettre, grandes marges.

COCHIN, EISEN, MOREAU LE JEUNE (d'après)

502 — Vingt et une planches doubles.
Épreuves avant et avec la lettre.

CORBOULT (d'après)

503 — Suite de vingt figures, in-8, dont un portrait pour les œuvres de Th. Moore.
Belles épreuves avant la lettre sur papier de Chine, marges in-folio.

COUCHÉ

504 — Suite de 16 figures, in-18, d'après Moreau le jeune et Duplessis-Bertaux, pour le Précis de la Révolution française de Lacretelle.
Belles épreuves en trois états, eaux-fortes pures, avant la lettre et avec la lettre avec entourage, 47 pièces, (manque une eau-forte).

505 — La même collection.
Epreuves avant la lettre.

506 — Vingt-sept planches doubles.
Epreuves avec et avant la lettre.

507 — Couronnement de Voltaire au Théâtre-Français, d'après Moreau le Jeune. — Translation des cendres de Voltaire au Panthéon;
Cinq épreuves, dont quatre avant la lettre, ou à l'eau-forte pure, grandes marges.

508 — Campagne d'Espagne de 1823, vingt-deux pièces.
Epreuves sur papier de Chine, à toute marges.

COYPEL (d'après)

509 — Les principales aventures de l'admirable Don Quichotte. Suite de trente et une planches in-folio.
Belles épreuves, grandes marges.

DAVID (F.-A.)

510 — Histoire d'Angleterre, représentée par Figures. Suite de cinquante-neuf planches, in-8, 1784.
Epreuves à grandes marges.

DESENNE (d'après Alexandre)

511 — Sept figures, in-8, dont un portrait pour les œuvres de
Legouvé, 1826.

> Belles épreuves en double état, eaux-fortes pures et avant la lettre, à toute
> marge.

512 — Suite de neuf figures, in-8, pour l'histoire de Gil Blas. Edition Lefèvre, 1820.

> Epreuves avant la lettre à toute marge, on y a joint deux portraits, onze
> pièces.

513 — Huit planches, doubles des précédentes.

> Epreuves à l'eau-forte pure, grandes marges.

514 — Suite de cinq figures, in-8, dont un fleuron de titre, gravés
par Heath, pour Paul et Virginie. Edition de Méquignon
Marvis.

> Belles épreuves avant la lettre, marges in-folio.

515 — Suite de un portrait et six figures, in-18, pour Paul et
Virginie, édition Janet.

> Belles épreuves avant la lettre, sur papier de Chine, marges, in-folio.

516 — Suite de quatre-vingts figures et portraits, in-8, pour les
œuvres de Voltaire. Edition Beuchot.

> Superbes épreuves à l'eau-forte pure, marges grand in-8.

517 — La même collection.

> Belles épreuves avant la lettre, à toute marge.

DESRAIS (d'après)

518 — Suite complète de un portrait et vingt-quatre figures, in-18,
pour les Contes de Lafontaine, 1780.

> Superbes épreuves du premier tirage, imprimées deux planches sur la même
> feuille, à toute marge.

519 — Trois vignettes, têtes de page, gravées par J.-B.-C. Chate-
lain, pour un ouvrage du XVIIIe siècle.

> Très belles épreuves en tirages à part, toute marge.

DESRAIS (d'après)

520 — Vingt et une figures, in-8 et in-12, pour les Aventures de Chéreas et de Callirhoé; La Dame de charité; Le dépit et le voyage, etc.

> Belles épreuves, plusieurs sont avant la lettre.

521 — Suite de six figures, in-8, pour la Bibliothèque bleue. — Quatre figures, in-8, pour le dépit et le voyage, de *Bastide*, ensemble douze pièces.

> Belles épreuves.

DESRAIS et **FOLKEMA**

522 — Douze figures, in-8, pour les Nouvelles de Cervantes, 1778.

> Belles épreuves à toute marge, on y a joint plusieurs planches doubles, vingt et une pièces.

DEVÉRIA (Achille)

523 — Costumes. — Scènes intimes, suite de dix lithographies, in-4, imprimées par Lemercier.

> Epreuves à grandes marges.

DEVÉRIA (d'après)

524. — Suite de quarante-deux figures, in-8, dont deux portraits pour les œuvres de J.-J. Rousseau, édition Dalibon, 1825.

> Belles épreuves avant la lettre, sur papier de Chine, in-folio.

DESCOURTIS

525 — Don Quichotte, d'après Schall, quatre pièces.

> Belles épreuves, imprimées en couleur, grandes marges.

526 — Paul et Virginie, suite de six estampes, d'après Schall.

> Très belles épreuves, imprimées en couleur, grandes marges.

527 — Cinq planches, doubles des précédentes.

> Belles épreuves avec marges.

DUPLESSIS-BERTAUX

528 — Recueil des meilleurs contes en vers, Cazin 1778, cent quatre pièces.

> Belles épreuves en tirages à part, les soixante-dix pièces pour les Contes de Lafontaine sont remargées à chassis.

DUPLESSIS-BERTAUX

529 — Dix-sept planches doubles.
Belles épreuves en tirages à part.

530 — Soixante-deux pièces pour le même ouvrage.
Epreuves avec le texte au dos et réimpressions.

531 — Un frontispice et vingt-et-une figures in-18, têtes de page pour la Pucelle de Voltaire, 1780.
Belles épreuves anciennes en tirages à part, plusieurs sont remargées, et on y joint une eau-forte pure, 23 pièces.

532 — Dix planches, doublés des précédentes.
Tirages à part.

533 — Métiers. — Costumes militaires. — Batailles, quarante pièces.
Belles épreuves.

ÉCOLE MODERNE

534 — Soixante-dix-huit vignettes, eaux-fortes et gravures sur bois, par ou d'après Lalauze, Hédouin, Van Ruyss, Champollion, Lalanne, E. Sotain et autres.
Belles épreuves d'artistes, à toute marge.

EISEN (Charles)

535 — Bibliothèque de Madame la Dauphine, in-8, 1770.
Frontispice représentant la dauphine Marie-Antoinette, entourée par les Grâces deux épreuves avec différences.

EISEN (d'après Ch.)

536 — Cinq vignettes et frontispices in-12, pour Angola, 1750.
Belles épreuves, deux sont avant la lettre.

537 — Neuf vignettes et frontispices, pour Cénie, et les Lettres d'une Péruvienne de Madame de Graffigny, 1751-1752.
Belles épreuves, quelques doubles.

538 — Vignette-frontispice, par Louis Legrand, pour le Congrès de Cythère, 1757.
Quatre épreuves.

EISEN (d'après Ch.)

539 — Un frontispice et quatre culs-de-lampe, gravés par Baquoy,
pour les Saisons de Thompson, 1759, in-12.
Très belles épreuves avant la lettre, marges.

540 — Une figure et quatre culs-de-lampe, pour le même ouvrage.
Superbes épreuves, à l'eau-forte pure, marges.

541 — Joconde. — Le mari confesseur. — Le mari cocu battu et
content. — Le gascon puni. — La cruche, cinq figures, in-8,
gravées par N. Le Mire en 1760, pour le recueil de sujets grà-
cieux d'Eisen.
Très belles épreuves, grandes marges.

542 — Quatre planches, doubles des précédentes.
Belles épreuves.

543 — Dix-huit figures, in-8, pour les contes de Lafontaine, planches refusées de l'édition des fermiers Généraux, 1762.
Très belles épreuves.

544 — Treize planches, doubles des précédentes.
Belles épreuves.

545 — *Le Juge de Mesle*, planche refusée.
Très belle épreuve, remargée.

546 — *Anacréon*.
Superbe épreuve *avant la Flèche*, grandes marges.

547 — Sept figures, in-8, pour le même ouvrage.
Epreuves de remarques : *Les Cordeliers de Catalogne* gravé par de Longueil.
— *Le Tableau*. — *Le cas de conscience*. — *Le Diable de Papefiguière*, épreuves découvertes. — *Féronde*, avec le bonnet. — *Le Remède*. — *Alix malade*,
épreuves avant ou avec les ornements, grandes marges.

548 — Quatre fleurons pour les lettres de Lord Velfort. — Lettre
d'Octavie à Antoine, 1765.
Superbes épreuves à l'eau-forte pure, marges.

549 — Titre pour les Sens, gravé par de Longueil.
Superbe épreuve avant la lettre, grandes marges.

EISEN (d'après Ch.)

550 — Titre pour Irma et Marzis, par Dorat, gravé par Legrand, 1768.

Deux épreuves dont une avant la lettre, grandes marges.

551 — Frontispice in-8, gravé par C. Baquoy, pour les Quatre parties du jour, par Zacharie, 1769.

Trois épreuves en états différents, eau-forte et avant la lettre, marges.

552 — Suite de quatre en-têtes pour le même ouvrage.

Belles épreuves en tirages à part, grandes marges.

553 — Trois planches doubles.

Tirages à part, petites marges.

554 — Réunion de dix vignettes et en-têtes pour le même ouvrage.

555 — Fleuron de titre et vignettes, pour les Pièces de théâtre du président Hénault, 1770.

Belles épreuves en tirages à part, quatre pièces.

556 — Frontispice gravé par N. Ponce, 1770, pour les Baisers.

Superbe épreuve avant toute lettre et avant différents travaux dans les fonds, grandes marges.

557 — Réunion de trente-quatre vignettes et fleurons, pour les Baisers, de Dorat, 1770.

Superbes épreuves en tirage à part, la plupart à toute marge.

558 — Vingt-et-une planches, doubles des précédentes.

Belles épreuves en tirages à part, marges irrégulières.

559 — Quatre en-têtes et un cul-de-lampe pour le même ouvrage.

Superbes épreuves à l'eau-forte pure, grandes marges.

560 — Trois planches doubles.

Belles épreuves à l'eau-forte pure, marges.

561 — Un frontispice, un titre gravé avec portrait de Voltaire, dix figures et dix en-têtes, tous gravés par de Longueil pour la Henriade, 1770.

Superbes épreuves avant la lettre, grandes marges. Le portrait est de toute rareté dans cette condition.

EISEN (d'après Ch.)

562 — Suite de dix vignettes, têtes de page pour le même ouvrage.

Tirages hors texte, grandes marges.

563 — Vignettes et fleurons, pour le Tableau de la Volupté ou les Quatre parties du Jour, par Du Buisson, 1771, douze pièces.

Epreuves anciennes et copies.

564 — Deux en-têtes et deux culs-de-lampe, pour les Poésies pastorales de Léonard, 1771.

Belles épreuves en tirages à part, grandes marges. On y a joint un en-tête à l'eau-forte pure, cinq pièces.

565 — Trois en-têtes et un cul-de-lampe, pour le Tableau de la Volupté, 1771.

Superbes épreuves en tirages à part, marges.

566 — Une figure, un en-tête et un cul-de-lampe, pour la lettre de la duchesse de Lavallière à Louis XIV, par M. Blin de Sainmore, 1773.

Superbes épreuves en tirages à part, toute marge.

567 — Planches doubles des précédentes et en-têtes pour la Lettre à Biblis, du même auteur, six pièces.

Très belles épreuves, tirages à part.

568 — Vingt-et-un en-têtes et culs-de-lampe, pour l'Anacréon, Sapho, Bion et Moschus, édition 1773.

Tirages à part, marges.

569 — Treize pièces doubles des précédentes.

Tirages à part, marges.

570 — Vingt-et-un en-têtes et culs-de-lampe, pour le même ouvrage.

Epreuves anciennes, coloriées à l'aquarelle.

571 — Deux frontispices pour l'Anacréon 1773, et Héro et Léandre, par Duclos et Massard.

Belles épreuves.

EISEN (d'après Ch.)

572 — Deux figures et vingt-et-une vignettes, têtes de page pour les Chefs-d'œuvres dramatiques de Marmontel, 1773.
Belles épreuves en tirages à part, marges.

573 — Seize planches doubles des précédentes.
Tirages à part.

574 — Onze planches doubles.
Tirages à part.

575 — Sept figures in-8 et in-4 pour l'Histoire philosophique et politique des établissements et du commerce des Européens dans les deux Mondes, par Raynal, 1774.
Belles épreuves avant la lettre, marges.

576 — Frontispice pour Adonis, de Fréron et Colbert, 1775, in-8.
Superbe épreuve avant la lettre, grandes marges.

577 — Suite de sept figures in-8, gravées par de Longueil, pour les Idylles polonaises, 1778.
Belles épreuves avant la lettre, marges.

578 — Six figures in-8, gravées par de Ghendt, pour Pygmalion.
Belles épreuves, ancien tirage, marges. (Une est sur papier vélin).

579 — Une planche double.
Superbe épreuve à l'eau-forte pure, marges.

580 — Un frontispice et deux figures, in-12, pour les comédies de Térence.
Belles épreuves avec les noms d'artistes tracés à la pointe.

581 — Recueil de divers petits sujets agréables : se vend à Paris chez Basan, titre gravé et soixante-six pièces.
Belles épreuves, quelques planches sont doubles.

582 — Frontispices, in-8, pour les Baisers. — Les Tourterelles de Zelmis. — Zélis au bain. — Nouvelle Zélis au bain. — Narcisse dans l'Isle de Vénus. — Lettres en vers. — Mes fantaisies, etc., quatorze pièces.
Belles épreuves, plusieurs sont à toute marge.

EISEN (d'après Ch.)

583 — Ecussons aux armes, ex-libris, gravés par Aliamet, De la
Fosse, Sornique, Lempereur, N. De Launay et de Ghendt, huit
pièces.

Très belles épreuves, marges.

584 — Quarante-six vignettes têtes de page pour divers ouvrages du
XVIII· siècle.

Très belles épreuves, en tirages à part, la plupart à grandes marges, deux sont
à l'eau-forte pure.

585 — Quatre-vingt-trois culs-de-lampes pour les œuvres de Dorat
Puffendorf, Thompson, Du Rosoy et autres ouvrages du XVIII·
siècle.

Très belles épreuves en tirages à part, marges.

586 — Deux culs-de-lampe pour un ouvrage du XVIII· siècle,
quatorze épreuves.

Tirages à part, deux sur la même feuille, toute marge.

587 — Réunion de vingt-cinq vignettes et fleurons pour divers ouvrages du XVIII· siècle.

Belles épreuves en tirages à part, la plupart à grandes marges.

588 — Quarante-sept figures, in-8, pour divers ouvrages du XVIII.
siècle.

Très belles épreuves avant la lettre, la plupart à toute marge, quatre sont à
l'eau-forte pure.

589 — Soixante figures diverses.

Très belles épreuves.

EISEN, MOREAU, COCHIN (d'après)

590 — Deux frontispices, trois fleurons de titres et douze têtes de
page pour Tarsis et Zélie, 1774.

Belles épreuves, en tirages à part, plusieurs à toutes marges.

591 — Un frontispice, deux en têtes et deux fleurons de titres, pour
le même ouvrage.

Superbes épreuves à l'eau forte pure, marges.

EISEN, MOREAU, COCHIN (d'après)

592 — Planches doubles, pour le même ouvrage, vingt-quatre pièces.

Belles épreuves, huit sont avant la lettre ou en tirages à part.

EISEN et WILLE (d'après)

593 — Suite de sept figures, in-8, pour les Sens, 1766.

Belles épreuves, à toutes marges.

594 — Suite de six en-têtes et deux culs-de-lampes, pour le même ouvrage.

Belles épreuves en tirages à part.

595 — Planches doubles des précédentes.

Dix pièces, tirages à part, quelques doubles.

596 — Réunion de quarante vignettes, figures et culs-de-lampe, pour le même ouvrage.

597 — La Jouissance. — La Vue, deux figures in-8, pour les Sens, 1766.

Belles épreuves avant toute lettre, dont une à l'eau-forte pure, grandes marges.

FLAMENG (Léop.)

598 — Suite de dix figures, in-8, et un portrait, pour Manon Lescaut, édition Glady.

Epreuves avant la lettre du premier état, sur papier du Japon, on y a joint le portrait d'Alexandre Dumas fils.

599 — La même collection.

Epreuves avant la lettre, sur papier de Hollande.

600 — La même collection.

Epreuves avec la lettre.

FOULQUIER (V.)

601 — Suite de un portrait et vingt figures, in-8, têtes de page, pour les Œuvres de Boileau.

Epreuves sur Chine appliqué, marges in-folio.

FOULQUIER (V.)

602 — Suite de quatre figures, in-8, têtes de page, dont un portrait, dessinés et gravés à l'eau-fort·, pour les Discours sur l'Histoire universelle de Bossuet, édition Mame.
>Belles épreuves, sur papier de Chine, marges in-folio.

603 — La même collection.
>Epreuves sur papier de Chine volant.

604 — Suite de un portrait et six figures, in-8, têtes de page, pour les oraisons funèbres de Bossuet.
>Belles épreuves, sur Chine appliqué, marges in-folio.

605 — Suite de vingt-quatre figures, in-8, têtes de page dessinées et gravées à l'eau-forte, pour les Œuvres de P. Corneille, édition Mame.
>Belles épreuves avant la lettre. sur papier de Chine, marges in-folio.

606 — Suite de quatorze figures, in-8, têtes de page, dessinées et gravées à l'eau-forte, pour les Aventures de Télémaque.
>Belles épreuves, sur papier de Chine, marges in-folio.

607 — Suite de douze figures, in-8, dessinées et gravées à l'eau-forte, pour la chanson de Roland.
>Belles épreuves, avant toute lettre, sur papier de Chine, marges in-folio.

608 — Suite de dix-huit figures, dont un portrait pour les Caractères de Labruyère, édition Mame.
>Belles épreuves avant la lettre, sur papier de Chine, in-folio.

609 — Suite de cinquante vignettes, dessinées et gravées à l'eau-forte, pour les Œuvres de Molière, édition Mame. Paris, D. Morgand, 1877.
>Belles épreuves, sur papier du Japon (n· 37).

610 — Portrait de Pascal, en pied, dessiné et gravé à l'eau-forte.
>Belle épreuve avant la lettre, sur papier de Chine double.

611 — Suite de un portrait et quarante-six figures, dessinés et gravés à l'eau-forte pour les œuvres de J. Racine, édition Mame.
>Belles épreuves, sur papier de Chine, marges in-folio.

FRAGONARD (d'après Honoré)

612 — Cinq figures in-4, pour les Contes de Lafontaine, 1795.
Très belles épreuves, quatre sont avant les numéros, à toute marge.

FRAGONARD fils (d'après)

613 — Suite de neuf figures in-8, dont un portrait gravé par Dupréel, pour les œuvres complètes de Grécourt, 1796.
Très belles épreuves avant la lettre, à toute marge.

FREUDENBERG (d'après L.)

614 — Suite de soixante-quatorze figures in-8, pour l'Heptaméron, 1780.
Belles épreuves anciennes, grandes marges.

615 — La même collection.
Belles épreuves anciennes, cartonné (manque les planches 63 et 68).

616 — La même collection.
Épreuves sur papier de Chine, tirage postérieur.

GARNIER (Stéph.-Bart.)

617 — Suite de un portrait et douze figures in-8, pour les Œuvres de J. Racine, 1803.
Belles épreuves avant la lettre, à toute marge,

GAUJEAN (E.)

618 — L'apparition, d'après Gustave Moreau (H. B. 2).
Belle épreuve avant la lettre, sur papier de Chine.

619 — Souvenir, d'après Chaplin (H. B. 41).
Belle épreuve avant la lettre, imprimée en couleur, à toute marge,

GAVARNI

620 — D'après nature, suite de quarante lithographies in-4.
Belles épreuves, à toute marge.

GAVARNI (d'après)

621 — Suite de seize figures grand in-8, pour les Aventures de Robinson Crusoé,
Épreuves sur papier de Chine, à toute marge.

GAVARNI (d'après)

622 — Suite de vingt figures grand in-8, pour l'histoire de Gil Blas.
> Belles épreuves sur papier de Chine, marges in-folio.

623 — Suite de seize figures grand in-8, pour illustrer les voyages de Gulliver.
> Belles épreuves sur papier de chine, in-folio.

624 — Costumes et métiers, suite de seize planches grand in-8, publiées par Morizot.
> Belles épreuves sur papier de Chine, marges in-folio.

GÉRARD (d'après)

625 — Suite de cinq figures in-4, pour les Amours de Psyché et Cupidon, 1797.
> Très belles épreuves avant la lettre, à toute marge.

GÉRARD et GIRODET (d'après)

626 — Vingt-trois figures in-4, pour les œuvres de Virgile, Didot 1798.
> Belles épreuves avant la lettre, une est à l'eau-forte pure.

GILLOT

627 — Soixante-dix vignettes, têtes de page pour les Fables de La Motte, 1719.
> Belles épreuves en tirages à part, petites marges.

GODOFROY (F.)

628 — Les poules aux Guinées, in-4, 1776.
> Deux épreuves, marges.

GRANVILLE (J.-J.)

629 — Suite de deux frontispices et deux cent quarante figures in-8, pour les Fables de Lafontaine, édition Fournier, 1838
> Superbes épreuves sur papier de Chine, très rare.

630 — Les métamorphoses du jour. *Paris*, Aubert, s. d.
> Couverture, frontispice et soixante-dix planches coloriées, réunis en album cartonné.

GRANVILLE et GAVARNI (d'après)

631 — L'empire des légumes. — Muses et fées. — Sujets divers, cent quarante-trois pièces.

Epreuves en noir et coloriées.

GRAVELOT (d'après H.)

632 — Onze vignettes in-8, pour le Décaméron de Boccace, 1757.

Superbes épreuves à l'eau-forte pure, grandes marges.

633 — Quarante culs-de-lampe, pour le Décameron de Boccace, 1757.

Belles épreuves en tirages à part, quelques doubles.

634 — Suite de douze figures, in-8, pour la Nouvelle Héloïse, 1761.

Belles épreuves à toute marge, deux planches sont doubles avec des différences, quatorze pièces.

635 — Suite de un portrait et trente-six figures in-8, pour les Œuvres de Shakespeare, 1762.

Belles épreuves remargées.

636 — Soliman II, du théâtre de Favart, gravé par N. Le Mire et Vinkelés, 1763.

Deux épreuves, dont une à l'eau-forte pure.

637 — Les frères ennemis. — Rodogune. — Perthaiite. — Sophonisbe, quatre pièces in-8, pour les œuvres de J. Racine et de P. Corneille, 1764-1767.

Superbes épreuves à l'eau-forte pure, marges.

638 — Cent quatre-vingt-dix-sept pièces in-12, pour l'Iconologie, 1765-1781.

Belles épreuves.

639 — Vingt planches, doubles des précédentes.

Très belles épreuves, avant la lettre ou à l'eau-forte pure.

640 — Suite de un portrait, trois titres gravés et vingt-trois figures in-8, pour les Contes moraux de Marmontel, 1765.

Belles épreuves à toute marge.

GRAVELOT (d'après H.)

641 — La même collection.

Belles épreuves, marges in-8.

642 — Quatre figures, in-18, réductions des précédentes.

Superbes épreuves, à l'eau-forte pure.

643 — Sept vignettes in-8 pour les Contes moraux de Marmontel, 1765.

Belles épreuves avant la lettre, quatre sont à l'eau-forte pure, grandes marges.

644 — Quatorze vignettes pour l'Anthologie française de Monet, 1765, in-8.

Belles épreuves, plusieurs sont avant la lettre, et avant toute lettre, grandes marges.

645 — Suite de quatre vignettes pour le Partie de chasse de Henri IV, par Collé, 1766.

Belles épreuves, une planche est double avant la lettre, cinq pièces.

646 — Suite de six figures en médaillons ovales pour la Partie de chasse de Henri IV, par Collé, 1766.

Très belles épreuves, marges.

647 — Trois planches, doubles de la collection précédente.

Très belles épreuves avant toute lettre, une est à l'eau-forte pure.

648 — Suite de onze figures, in-8, pour la Pharsale de Lucain, 1766.

Belles épreuves à grandes marges, quatre planches sont doubles, en épreuves d'artiste, 15 pièces.

649 — La Secchia Rapita, suite de deux titres gravés, deux portraits et frontispices, douze figures, douze en-têtes et douze culs-de-lampe, 1766, relié.

Très belles épreuves, les en-têtes et les culs-de-lampe sont en tirages à part.

650 — Vingt-cinq en-têtes et culs-de-lampes pour le même ouvrage.

Superbes épreuves en tirages à part, grandes marges.

651 — Suite de cinq vignettes in-8, pour l'Honnête criminel de Fenouillot de Falbaire, 1767.

Belles épreuves à toutes marges.

GRAVELOT (d'après H.)

652 — Eugénie, drame en cinq actes, par Beaumarchais, suite de
5 figures in-8, 1767.
Belles épreuves, plus 5 planches doubles, ensemble 10 pièces.

653 — Actes II et IV de la même collection.
Très belles épreuves avant toute lettre.

654 — Vingt-huit vignettes in-8, pour Eugénie. — Le Fabricant
de Londres. — L'Honnête criminel, etc.
Belles épreuves, la plupart à toutes marges.

655 — Suite de un portrait, gravé par Gaucher, et douze figures
in-8, pour les Œuvres de J. Racine, 1768.
Belles épreuves avant la lettre, marges, grand in-8.

656 — Les Plaideurs. — Athalie. — Phèdre, quatre pièces.
Belles épreuves avant toute lettre ou à l'eau-forte pure, marges

657 — Suite de un frontispice, sept portraits et quarante-deux
figures in-4, pour les Œuvres de Voltaire, 1768.
Très belles épreuves à toute marge, p'us un portrait de Voltaire et un frontispice, par A. de St-Aub'n, 52 pièces.

658 — L'Enfant prodigue. — Nanine. — Zulime, trois planches
doubles de la collection précédente.
Superbes épreuves à l'eau-forte pure, marges, rare.

659 — Suite de un titre gravé, vingt vignettes têtes de page pour
les arguments et vingt-trois culs-de-lampe pour la Jérusalem
délivrée du Tasse, 1771.
Superbes épreuves, en tirages à part, reliure veau ancien. Les en-têtes sont du
premier état avant que l'on y ait gravé les portraits, très rare.

660 — Suite de deux fleurons de titres, deux portraits frontispices,
vingt figures, vingt en-têtes avec portraits et vingt-trois culs-
de-lampe pour la Jérusalem délivrée du Tasse, 1771.
Très belles épreuves, toutes les vignettes sont en tirages à part, grandes
marges, 72 pièces.

661 — Dix culs-de-lampe pour divers ouvrages du XVIII· siècle.
Belles épreuves, en tirages à part, marges.

GRAVELOT (d'après H.)

662 — Vignettes, frontispices et sujets divers, vingt-huit pièces.
Belles épreuves, la plupart sont avant la lettre.

GUILLAUMOT FILS (A.)

663 — Costumes du XVIIIe siècle, tirés des Prés-Saint-Gervais,
vingt eaux-fortes. Paris, P. Rouquette, 1874.
Epreuves coloriées, en feuilles.

664 — Costumes du Directoire, tirés des Merveilleuses, avec une
lettre de M. Victorien Sardou, portrait et trente eaux-fortes.
Paris, P. Rouquette, 1875.
Epreuves coloriées, réunies en album

665 — La même collection.
Epreuves coloriées, en feuilles.

GUYOT

666 — Suite de seize pièces de forme ronde, gravées en couleur,
pour Paul et Virginie.
Très belles épreuves.

667 — Douze planches, doubles des précédentes.
Belles épreuves.

668 — Dix-sept planches, de la même collection.
Quelques doubles.

HANRIOT (J.)

669 — OEuvres du comte de Caylus, suite de six planches gravées
à l'eau-forte.
Epreuves de graveur en double état, 12 pièces.

670 — Vignettes pour les Nouvelles amoureuses et autres ouvrages, seize pièces.
Epreuves de graveur sur papier du Japon, toute marge.

HENRIQUEL-DUPONT

671 — Deux fleurons de titres, pour les Fables de Lafontaine.
Edition Jombert, 1819.
Epreuves en trois états, avant et avec la lettre, grandes marges.

HUBER (Jean)

672 — Voltaire à table, avec le père Adam, l'abbé Maury, d'Alem,
bert, Condorcet, Diderot et La Harpe. Composition à onze personnages, pièce rare, gravée à l'eau-forte.
Belle épreuve.

673 — La même estampe, épreuve ancienne tirée sur papier bleu
et rehaussée de blanc.
Très belle épreuve.

674 — Traité du sublime (Haras de M. de Voltaire), pièce curieuse
gravée à l'eau-forte.
Trés belle épreuve, marges, rare.

JANINET

675 — Le Roi et le Fermier, in-8 travers, à la sanguine d'après
Gravelot.
Belle épreuve, marges.

JEAN et FILLION (A Paris chez)

676 — Compositions ovales pour Paul et Virginie, sept pièces.
Deux sont en noir, avant toute lettre et cinq sont imprimées en couleur.

JEUX (pièces sur les)

677 — Les Etrennes de la Jeunesse, petit jeu d'amour, colorié.
Epreuve à toute marge.

JOHANNOT (Tony)

678 — Cinq fleurons de titres pour les chansons de Désaugiérs.
Belles épreuves, en tirages à part sur papier de Chine, à toute marge.

679 — Suite de six figures in-8, pour Raphaël de Lamartine.
Belles épreuves avant la lettre sur papier de Chine.

680 — Suite de cinq figures in-8, pour les Confidences de Lamartine.
Epreuves en double état sur papier de Chine, 10 pièces.

681 — Suite de huit figures in-8, pour les contes de Ch. Nodier,
1845.
Epreuves sur papier de Chine avant la lettre.

JOHANNOT (Tony)

682 — Six planches doubles de la même collection.
Belles épreuves avant la lettre, sur papier de Chine, marges in-folio.

JOHANNOT (d'après Tony)

683 — Trois figures in-8, gravées sur bois pour Stello (2 exempl.).
— Trois figures in 8, pour le Manuscrit vert, de Drouineau,
9 pièces.
Epreuves sur papier de Chine volant.

KAUFMANN (d'après Angelica)

684 — Prudence. — Tempérance, par G. Scorodoomoff.
Belles épreuves imprimées en bistre à toute marge.

685 — Diana and Nymphs. — The mirror of Vénus. — The Nursing of Bacchus, quatre pièces.
Belles épreuves, deux sont avant la lettre.

KILIAN (G. J.)

686 — Grotesques, titre et douze sujets, 13 pièces.
Epreuves à grandes marges.

LALAUZE

687 — Vignettes-frontispices, sujets gracieux, gravés à l'eau-forte,
douze pièces.
Epreuves d'artistes sur papier du Japon, à toute marge.

LANCRET (d'après)

688 — Le matin. — Le midi. — L'après dîner. — La Soirée, suite
de quatre pièces, par de Larmessin.
Belles épreuves, petites marges.

LANCRET, PATER, EISEN (d'après)

689 — Suite de quarante estampes, réduction in-4, pour les contes
de Lafontaine. Paris, Lemonnyer 1885.
Epreuves à l'eau-forte sur papier du Japon.

690 — La même collection.
Epreuves avant toute lettre sur papier de Chine volant

LANCRET, PATER, EISEN (d'après)

691 — La même collection.

Epreuves avec la lettre, sur papier du Japon.

LE BARBIER (d'après)

692 — Canadiens au tombeau de leur enfant, par Ingouf le jeune.

Deux épreuves, dont une avant toute lettre, marges.

693 — Les Cerises. — La Leçon de botanique. — J. J. Rousseau à l'Eglise. — Le Lévite d'Ephraim, cinq pièces in-4, pour les œuvres de J. J. Rousseau, 1774.

Belles épreuves avant la lettre, grandes marges, une planche est double, et une autre est imprimée à la sanguine.

694 — Le Lévite d'Ephraïm. — La Leçon de Botanique, deux pièces.

Superbes épreuves de graveur, avec la légende à la pointe ou à l'eau-forte avancée.

695 — Quatre figures in-18, dont un frontispice, par Galatée, 1784.

Belles épreuves avant la lettre à toute marge.

696 — Douze figures in-8 pour les Fastes d'Ovide, 1785.

Belles épreuves, marges, quelques planches sont doubles.

697 — Planche X· pour les chansons de Piis, 1785.

Epreuve en double état, eau-forte pure et avant toute lettre.

698 — Onze figures in-4, pour les OEuvres de S. Gessner, 1786-1793.

Belles épreuves avant la lettre ou à l'eau-forte pure, marges.

699 — Quatre figures in-4, pour le Daphnis et Chloé de Longus, 1793, qui n'a pas été publié.

Superbes épreuves à l'eau-forte pure, marges, deux planches sont doubles avant la lettre, six pièces.

700 — Suite de quatre figures in-8, pour les Saisons de Thompson, 1796.

Belles épreuves avant la lettre, à toute marge.

701 — Trois planches, doubles des précédentes.

Superbes épreuves à l'eau-forte pure, toute marge.

LE BARBIER (d'après)

702 — Suite de un portrait, gravé par N. Le Mire et quinze figures in-8, pour le Roman comique de Scarron, 1796.
Très belles épreuves avant la lettre, grandes marges.

703 — Suite de un portrait, gravé par Gaucher, et douze figures
in-8, pour les OEuvres de J. Racine. 1796.
Très belles épreuves avant la lettre, à toute marge.

704 — Dix-huit figures et vignettes têtes de page, pour divers
ouvrages du XVIII· siècle.
Belles épreuves, la plupart avant la lettre ou en tirages à part, marges.

705 — Douze culs-de-lampe, pour un ouvrage mythologique.
Superbes épreuves en tirages à part, à toute marge.

LE BARBIER, LEBOUTEUX et SAINT-QUENTIN

706 — Frontispice pour le tome III des chansons de Laborde, in-8,
gravé par Née et Masquelier.
Superbe épreuve à l'eau-forte pure, grandes marges.

707 — Frontispice pour le tome IV des chansons de Laborde, in-8,
gravé par Née et Masquelier.
Superbe épreuve à l'eau-forte pure, grandes marges.

708 — Quinze vignettes pour le même ouvrage.
Superbes épreuves à l'eau-forte pure, grandes marges.

LECLERC (d'après)

709 — Cul-de-lampe, gravé par Patas, pour le livre Ier des Quatre
Heures de la Toilette des Dames.
Belle épreuve, en tirage à part, marge.

LEFÈVRE (d'après)

710 — Suite de dix figures in-18, pour Manon Lescaut, *Paris, Didot*, 1797.
Belles épreuves avant la lettre, quatre sont remargées.

711 — Suite de un portrait, gravé par de Launay, et huit figures
in-18, pour les Lettres d'une Péruvienne, par Mme de Graffigny, 1797,
Belles épreuves avant la lettre, à toute marge.

LEFÈVRE (d'après)

712 — La même collection.

Belles épreuves en double état, eaux-fortes et avant la lettre. (Les portrait manquent).

713 — Suite de un frontispice et cinq figures in-18, pour Prime-rose, par Morel de Vindé, 1797.

Belles épreuves avant la lettre, remargées à chassis.

714 — La même collection.

Superbes épreuves à l'eau-forte pure, à toute marge.

715 — Suite de dix figures in-18, pour les Voyages de Gulliver, 1797.

Belles épreuves avant la lettre, marges grand in-8.

716 — La même collection.

Epreuves avant la lettre, grandes marges.

717 — La même collection.

Epreuves avec la lettre, à toute marge.

718 — Suite de douze figures in-18, pour Ollivier, poème par Ca-zotte, 1793.

Belles épreuves avant la lettre, marges grand in-8.

719 — Dix planches, doubles des précédentes.

Superbes épreuves à l'eau-forte pure, grandes marges.

720 — La même collection.

Epreuves en double état avant et avec la lettre, petites marges.

721 — Suite de six figures in-18, pour Zélomir, par Morel de Vindé, 1801.

Belles épreuves avant la lettre, marges in-8.

722 — La même collection.

Très belles épreuves avant la lettre, à toutes marges.

LEFEVRE et LEBARBIER (d'après)

723 — Suite de un portrait, gravé par Delvaux, et vingt-quatre figures in-18, pour les Aventures de Télémaque, 1796.
Belles épreuves avant la lettre, marges grand in-8.

724 — La même collection.
Belles épreuves avant la lettre, marges in-8.

725 — Suite de vingt-quatre figures in-18, pour les Aventures de
Don Quichotte, 1799.
Belles épreuves avant la lettre, marges in-8.

726 — La même collection.
Epreuves en double état, avant et avec la lettre, grandes marges.

LEGROS (S.)

727 — Suite de douze petits sujets de paysage, inventés et gravés
à l'eau-forte, 1796.
Très belles épreuves.

LELEUX (d'après Adolphe)

728 — La Bretagne ancienne et moderne, trente-cinq pièces.
Belles épreuves, trente sont avant la lettre sur papier de Chine, ou en
épreuves d'artiste.

LE PRINCE (J. B.)

729 — Quatre figures in-8 pour les Sens, 1774.
Belles épreuves.

LE PRINCE (d'après (J.-B.)

730 — L'amour à l'Espagnole, par Aug. de Saint-Aubin et Pru-
neau.
Belle épreuve avant la dédicace.

LEPRINCE et GRAVELOT (d'après)

731 — Frontispice et deux vignettes, pour les Saisons, de Saint-
Lambert, 1769, in-8.
Belles épreuves avant la lettre, dont le frontispice à l'eau-forte avancée,
marges.

LEPRINCE et GRAVELOT (d'après)

732 — Vignettes et en-têtes pour le même ouvrage, dix-huit pièces.

> Belles épreuves, dont deux en tirages à part, quelques doubles.

MARE (T. de)

733 — Suite de un titre et seize planches in-8, d'après Pater et Dumont le Romain, pour le Roman comique de Scarron. Paris, P. Rouquette, 1883.

> Épreuves avant la lettre sur papier de Chine volant.

734 — La même collection.

> Épreuves à l'eau-forte pure, sur papier de Chine volant.

MARILLIER (C. P.)

735 — Un fleuron de titre, et une vignette tête de page, pour l'Agriculture, de Rosset, 1774.

> Très belles épreuves en tirages à part, à toute marge.

MARILLIER (d'après C. P.)

736 — Frontispice des Poésies pastorales de M. Léonard, gravé par de Ghendt, in-8, 1771.

> Superbe épreuve avant la lettre, grandes marges.

737 — Titre pour le premier volume des Fables de Dorat, gravé par de Ghendt.

> Superbe épreuve avant la lettre, grandes marges, très rare.

738 — Réunion de soixante-quinze en-têtes et culs-de-lampe, pour les Fables de Dorat.

> Belles épreuves en tirages à part, plusieurs sont à toutes marges, quelques doubles.

739 — Sept planches, doubles des précédentes.

> Épreuves à l'eau-forte pure, petites marges.

740 — Suite de un frontispice et 24 figures in-18, pour les Idylles, de Berquin, 1775.

> Très belles épreuves avant les numéros, en plus une eau-forte, vingt-six pièces.

MARILLIER (d'après C. P.)

741 — La même collection.

Belles épreuves avant les numéros, moins une pièce qui est avec.

742 — La même collection.

Epreuves avec les numéros (manque deux pièces).

743 — Figure in-18, pour Daphnis et Chloé, édition Cazin, 1777.

Deux épreuves, dont une à toute marge.

744 — Un portrait, trois frontispices et quatorze figures, in-18, pour les Œuvres de Gessner, édition Cazin, 1778.

Superbes épreuves du premier tirage, la plupart à toute marge, une planche est double avec des différences, dix-neuf pièces.

745 — Un portrait et treize figures in-8, pour les Œuvres de Pope, 1779.

Belles épreuves avant la lettre, grandes marges.

746 — Huit planches, doubles des précédentes.

Superbes épreuves à l'eau-forte pure, grandes marges.

747 — Figure in-8, gravée par de Launay, pour Vert-Vert, édition Cazin, 1780.

Cinq épreuves, dont une à l'eau-forte pure, grandes marges.

748 — Suite de un titre et quatre vignettes, pour Tangu et Felime, 1780, in-18.

Belles épreuves à toute marge.

749 — Suite de un portrait et vingt-six figures, in-18, pour les œuvres choisies de J.-J. Rousseau, 1773.

Très belles épreuves avant la lettre, neuf pièces sont doubles, soit à l'eau-forte pure, soit avant les cadres, trente-six pièces.

750 — La même collection.

Belles épreuves avec la lettre du premier tirage, grandes marges.

751 — Réunion de cinquante figures, in-8, pour les œuvres de Lesage, 1783.

Belles épreuves du premier tirage, deux sont avant la lettre et à l'eau-forte pure, grandes marges.

MARILLIER (d'après C. P.)

752 — Cent vingt-huit figures in-8, pour les Œuvres choisies de
Lesage, 1783.
Belles épreuves.

753 — Cent vingt-cinq figures in-8, pour les Œuvres choisies de
l'abbé Prévost, 1784.
Belles épreuves, quelques planches sont doubles.

754 — Cent quatre-vingt planches, doubles des précédentes.
Belles épreuves.

755 — Suite de cent quinze figures in-8, pour le Cabinet des fées,
1785-1789.
Epreuves avec marges.

756 — Quatre-vingt-quatre pièces de la même collection.
Très belles épreuves, grandes marges.

757 — Un portrait frontispice et ving-quatre figures in-4, pour
l'Illiade d'Homère, 1786.
Très belles épreuves avant la lettre, en album.

758 — La même collection.
Belles épreuves avec la lettre, grandes marges.

759 — Suite de un portrait, gravé par de Launay le Jeune et vingt-
quatre figures in-8, pour les œuvres badines du comte de Caylus, 1787.
Très belles épreuves, marges in-4.

760 — Cinquante-sept planches, doubles des précédentes.
Belles épreuves, grandes marges.

761 — Suite de soixante-dix sept figures in-8, pour les Voyages imaginaires, 1787-1789.
Superbes épreuves du premier tirage, à toute marge.

762 — Soixante-douze planches de la même collection.
Belles épreuves,

MARILLIER (d'après C. P.)

763 — Cent onze planches, doubles de la collection précédente.
Belles épreuves.

764 — Neuf figures, pour l'Education de Henri IV, par l'abbé Duflos, 1790,
Belles épreuves, quatre pièces sont doubles, dont une avant la lettre.

765 — Un Portrait, par Rochard, et trois figures in-18, pour les
Œuvres choisies de Mme Deshoulières, 1795.
Belles épreuves avant la lettre à toute marge. On y a joint quatre planches
doubles à l'eau-forte pure, ou avant toute lettre, huit pièces.

766 — Suite de un portrait, gravé par Hubert, et vingt-quatre figures in-8, pour les Aventures de Télémaque, 1796.
Belles épreuves avant la lettre, à toute marge.

767 — La même collection.
Très belles épreuves avant la lettre, marges grand in-4.

768 — La même collection.
Superbes épreuves a l'eau-forte pure, marges grand in-4, très rare.

769 — Frontispice in-8, pour les mémoires de M. Caron de Beaumarchais.
Deux épreuves, dont une avant la lettre.

770 — Le même frontispice.
Superbe épreuve avant toute lettre sur papier fort, grandes marges.

771 — Frontispice aux armes du Comte d'Artois, pour un ouvrage
de Florian, in-18.
Superbe épreuve avant toute lettre, grandes marges.

772 — Deux vignettes et deux portraits têtes de page, pour le Par-
nasse des Dames.
Cinq pièces en tirages a part, dont une à l'eau-forte pure, grandes marges.

773 — Neuf vignettes et frontispices in-18, pour Lafontaine, Les
Baisers, Théogène, Isméne et Isménias, éditions de Cazin.
Belles épreuves, trois sont avant la lettre, grandes marges.

6

MARILLIER (d'après C. P.)

774 — Quatorze frontispices in-8, pour les Idylles de Gessner. — Mélanges, par Dorat. — Régulus. — Le Célibataire. — Les Victimes de l'amour. — Fables de Dorat. — Idylles de Saint-Cyr. — Les Prôneurs, etc.

Belles épreuves.

775 — Vingt-sept figures in-12 et in-8 pour les Jeux de la petite Thalie. — Les Grâces. — Les Œuvres de Dorat. — Le Théâtre du monde. — Lettres de Biblis. — Tangu et Félime. — Sapho. — Lettres de la duchesse de Sénanges et autres ouvrages.

Très belles épreuves avant la lettre, quatre sont à l'eau forte pure.

776 — Vignettes têtes de page pour l'Agriculture de Rosset. — Les Fables de Dorat. — L'Histoire Ancienne. — Mes Fantaisies, par Dorat, et autres ouvrages, onze pièces.

Belles épreuves en tirages à part. une est à l'eau-forte pure.

777 — Vingt culs-de-lampe, pour les œuvres de Dorat, Baculard d'Arnaud, Rosset et autres ouvrages.

Belles épreuves en tirages à part, plusieurs sont a toute marge.

778 — Cinq culs-de-lampe, pour les œuvres de Dorat et de Baculard d'Arnaud.

Belles épreuves à l'eau-forte pure, marges.

779 — Réunion de cent quarante-six planches in 8, pour les Œuvres de Tressan, l'Abbé Prévost, Lesage, Voyages imaginaires et Cabinet des Fées. — Belles épreuves.

780 — Trente-trois figures et vignettes in-8, pour divers ouvrages du XVIII· siècles.

Belles épreuves.

MARILLIER (attribué à)

781 — Frontispice pour Parapilla, in-8.

Deux épreuves avant toute lettre, dont une à l'eau-forte pure.

MARILLIER et MONNET (d'après)

782 — Quatorze vignettes pour l'abrégé de l'Histoire universelle, 1785.

Belles épreuves, plusieurs sont avant la lettre et à l'eau-forte pure.

MARILLIER et MOREAU (d'après)

783 — Quarante-trois figures, in-8, pour le Théâtre du Monde, par Richer, 1775.

Belles épreuves, plusieurs sont en double.

784 — Seize planches, doubles des précédentes.

Très belles épreuves avant la lettre, dont une à l'eau-forte pure, grandes marges.

MARTIAL (A.-P.)

785 — Suite de cinquante-sept compositions in-4, gravées à l'eau-forte, d'après H. Fragonard, pour les contes de La Fontaine, Paris, Rouquette.

Épreuves avant la lettre avec les noms des artistes à la pointe sèche.

786 — Soixante-dix planches de la même collection.

Épreuves sur papier du Japon à toute marge.

787 — Quatorze compositions inédites pour faire suite aux précédentes.

Épreuves avant la lettre sur papier van Gelder, toute marge.

MARTINET (d'après)

788 — Suite de un fleuron de titre et quatre estampes, in-4, pour le Prix de Beauté, 1760.

Belles épreuves à toute marge, le fleuron est rogné, et on y a joint deux épreuves doubles, sept pièces.

MÉCHEL (Chr. de)

789 — Michel Schüppach donnant une consultation, in-12 travers.

Belle épreuve.

MODES, COIFFURES

790 — Seize planches in-8, de l'époque du Directoire.

Belles épreuves, la plupart sont coloriées.

MONNET (d'après)

791 — Un portrait et sept figures in-8, pour le temple de Gnide, par Colardeau, 1775.

    Belles épreuves à toute marge.

792 — La même collection.

    Belles épreuves, petites marges.

793 — La même collection.

    Très belles épreuves avant la lettre, petites marges, une planche est double à l'eau-forte pure, 9 pièces.

794 — Suite de 9 figures in-8, pour les Fables de Boisard, 1777

    Epreuves avec la lettre, avec les fleurons et les culs-de-lampe, ensemble trente et une pièces.

795 — Un cul-de-lampe et huit figures de la même collection.

    Belles épreuves avant la lettre, à toute marge, le fleuron est en double état, ensemble dix pièces.

796 — Deux vignettes têtes de page pour les Romans et Contes de Voltaire, 1778.

    Superbes épreuves, en tirages à part, a toute marge, rare.

797 — Suite de dix figures in-8 pour la Dunciade de Palissot, 1778.

    Très belles épreuves avant la lettre, marges, in-4. On y a joint un portrait gravé par Choffard; et trois planches avant toute lettre ou à l'eau-forte pure, 14 pièces.

798 — La même collection.

    Belles épreuves avant la lettre à toute marge.

799 — La même collection.

    Epreuves avec la lettre à toute marge.

800 — Huit figures in-18, pour les Opuscules du chevalier de Parny, 1784.

    Belles épreuves, trois pièces sont avant la lettre

801 — Un frontispice et six figures in-8, pour : De la Nature des choses, par Lucrèce, 1795.

    Belles épreuves avant la lettre, en double état, avant et avec l'entourage, quatorze pièces.

MONNET (d'après)

802 — La même collection.

Epreuves en double état avec la lettre, avant et avec l'entourage, quatorze pièces.

803 — Suite de un portrait, gravé par Lingée, et vingt-huit figures in-18, pour Gil Blas, 1796.

Très belles épreuves avant la lettre, marges grand in-8.

804 — La même collection.

Superbes épreuves à l'eau-forte pure, grandes marges, très rare.

805 — Onze vignettes et portraits pour le Roman de la Rose.

Belles épreuves avant la lettre et à l'eau-forte pure.

806 — Planches doubles des précédentes, sept pièces.

Epreuves avant et avec la lettre.

807 — Huit figures in-18 et in-12, pour Lucrèce, La Pucelle, Théocrite, etc.

Belles épreuves, trois sont à l'eau-forte pure, et deux sont gouachées.

MONNET, BOUCHER et COCHIN (d'après)

808 — Suite de dix-huit pièces in-4, en largeur, pour les Aventures de Télémaque.

Bonnes épreuves.

809 — Dix-huit planches doubles.

Très belles épreuves, grandes marges, quelques doubles

810 — Neuf planches doubles.

Superbes épreuves à l'eau-forte pure ou avant la lettre, grandes marges, rares.

MONSIAU (d'après)

811 — Suite de six figures in-4, dont un frontispice pour la Mort d'Abel de Gessner, 1793.

Belles épreuves en couleur, à toutes marges.

812 — Quatre figures in-18, pour Daphnis et Chloé, 1796.

Belles épreuves à l'eau-forte pure, grandes marges, une planche est double cinq pièces.

MONSIAU (d'après)

813 — Suite de quatre figures in-18, pour la Pipe cassée de Vadé. 1796.

Belles épreuves à toute marge.

814 — Quatre figures in-4, pour le Voyage sentimental de Sterne, 1799.

Epreuves à l'eau-forte pure, petites marges, trois planches sont doubles, sept pièces.

815 — Suite de six figures in-18, pour le Voyage sentimental de Sterne, 1801.

Belles épreuves à toute marge, une planche est double, avant la lettre, sept pièces.

MONSIAU, LEBARBIER, MONNET (d'après)

816 — Suite de un portrait gravé par Gaucher, et vingt-et-une figures in-4, pour la Pucelle de Voltaire, 1795.

Très belles épreuves avant la lettre, grandes marges.

817 — La même collection.

Epreuves avec la lettre à toute marge.

818 — La même collection.

Superbes épreuves à l'eau-forte pure, marges grand in-8, très rare (manque le portrait).

MOREAU, le jeune (J. M.)

819 — Titres de : Ricciardetto di Nicolo Carteromaco, 1767. — La divina comedia di Dante Aligieri. Tome Ier, 1768, deux pièces (E. B. 331-403).

Superbes épreuves, une est avant la lettre, grandes marges.

820 — Suite de trente-six fleurons, lettres ornées et culs-de-lam- lampe, pour le nouvel abrégé chronologique de l'histoire de France, par le Président Hénault, 1768 (800-835).

Belles épreuves en tirages à part, marges

821 — Dix-sept planches, doubles des précédentes.

Tirages à part.

MOREAU le jeune (J. M.)

822 — *L'amant timide*, vignette pour les chansons de Laborde, in-8 (887).

Très belle épreuve avant la lettre, grandes marges

823 — *La Sérénade,* vignette pour le même ouvrage, in-8 (875).

Très belle épreuve avant la lettre, grandes marges.

824 — Six fleurons de titres, pour les œuvres de Molière, édition de Bret, 1773 (1015).

Superbes épreuves en tirages à part, habilement remargées à chassis.

825 — Fête des bonnes gens de Canon, et la Rosiére de Salency, 1777, in-8 (971).

Trois épreuves, marges.

826 — Titre et vignette tête de page, pour l'Innocence du premier âge en France, par Billardon de Sauvigny, quatre pièces (1551-1553).

Belles épreuves dont deux avant la lettre et à l'eau-forte pure.

827 — Titre des Grâces, par Meusnier de Querlon. 1769.

Superbe épreuve à l'eau-forte pure, petites marges, excessivement rare.

828 — Titre des Grâces, par Meusnier de Querlon, gravé en contre-partie par Gaucher.

Très belle épreuve avant la lettre, marges, très rare.

MOREAU le jeune (d'après J. M.)

829 — Une figure et une vignette, pour la lettre de Dulis à son ami, par Mercier, 1768 (E. B. 998-999).

Belles épreuves avant la lettre, la vignette est double, trois pièces.

830 — Suite de un titre gravé par Moreau le jeune, un frontispice d'après Boucher, et cinq figures in-8, pour les Grâces, par de Querlon, 1769 (1289-1294).

Très belles épreuves, grandes marges.

831 — Deux vignettes in-8, pour le Jugement de Pàris, 1772 (850).

Superbes épreuves avant toute lettre, dont une à l'eau-forte pure, grandes marges.

MOREAU le jeune (d'après J. M.)

832 — Un titre, trois vignettes et deux en-têtes pour le même ouvrage.

    Belles épreuves.

833 — Trois figures in-8, pour le Voyage à l'Isle de France, 1773
(E. B. 1530-1532).

    Belles épreuves avant la pagination, une est avant la lettre, grandes marges.

834 — Les mêmes figures.

    Superbes épreuves à l'eau-forte pure, grandes marges.

835 — Cinq planches, doubles des précédentes.

    Belles épreuves, trois sont a l'eau-forte pure.

836 — Vingt-huit figures in-8, pour les OEuvres de Molière, édition de Bret, 1773 (E.B. 1015-1053).

    Très belles épreuves avant la lettre, la plupart avec grandes marges, très
rare. Pour que la suite soit complète, il manque : 1· Le Portrait, gravé par Cathelin. — 2· Les Prècieuses ridicules. — 3· L'Avare. — 4· M. de Pourceau-
gnac. — 5· Psyché. — 6· Prologue de Psyché.

837 — *Sganarelle*, gravé par N. de Launay (1019).

    Epreuve avant la lettre, grandes marges.

838 — *L'Impromptu de Versailles*, gravé à l'eau-forte, par
Masquelier (1026).

    Superbe épreuve à l'eau-forte pure, marges.

839 — *Melicerte*, gravé par J.-J. Leveau.

    Superbe épreuve à l'eau-forte pure, grandes marges (1086).

840 — La même composition.

    Très belle épreuve à l'eau-forte pure, marges.

841 — *L'Avare*, gravé par Née (1042).

    Superbe épreuve à l'eau-forte pure, à toute marge.

842 — *Georges Dandin*, gravé par J.-J. Leveau (1044).

    Superbe épreuve à l'eau-forte pure, grandes marges.

843 — La même composition.

    Très belle épreuve de graveur avant toute lettre, grandes marges.

MOREAU le jeune (d'après J. M.)

844 — *Le Bourgeois gentilhomme*, gravé par Née (1046).
Très belle épreuve avant la lettre à toute marge.

845 — La même composition.
Très belle épreuve de graveur non terminée avant toute lettre, marges.

846 — *Les Femmes savantes*, gravé par A.-J. Duclos (1051).
Très belle épreuve avant la lettre, à toute marge.

847 — Vignette, in-64, gravée par N. Le Mire, pour le : De officiis
de Cicéron, 1773 (367).
Deux épreuves, dont une avant toute lettre, marges.

848 — La Vérité jamais n'entre chez les Sultans qu'en prenant un
voile à la porte. Frontispice in-8, pour les Fables de Imbert,
1773 (843).
Deux épreuves avant la lettre dont une à l'eau-forte pure, grandes marges.

849 — Le même frontispice.
Deux épreuves dont une avant la lettre, grandes marges.

850 — Suite de quatre en-têtes, pour les Historiettes et Nouvelles,
en vers, de Imbert, 1774 (845-849).
Belles épreuves en tirages à part, remargées.

851 — Trois pièces doubles.
Superbes épreuves à l'eau-forte pure, toute marge.

852 — Cinq pièces, doubles des précédentes.
Belles épreuves en tirages à part, deux sont à l'eau-forte pure.

853 — Suite de un portrait, par A. de Saint-Aubin et trente figures
in-4, pour les OEuvres de J.-J. Rousseau, 1774-1783 (1398).
Superbes épreuves avant les numéros, à toute marge, (la planche de Pygmalion est avec le numéro).

854 — La même collection.
Très belles épreuves du premier tirage sur papier fort, treize planches sont
avant les numéros.

855 — Vingt-deux planches doubles.
Très belles épreuves avant les numéros, grandes marges.

MOREAU le jeune (d'après J. M.)

856 — Frontispice et quatre vignettes in-8, pour les Bienfaits du Sommeil, 1775 (836-840).

Très belles épreuves, une est avant la lettre et deux sont à l'eau-forte pure, grandes marges.

857 — Titre pour Pygmalion, scène lyrique, gravé par Pouce, 1775, in-8.

Superbe épreuve avant la lettre, marges, de toute rareté.

858 — Quatre vignettes, têtes de page pour Pygmalion, scène lyrique, 1775, in-8 (300-303).

Superbes épreuves en tirages à part, trois pièces sont à toute marge.

859 — Cinq planches, doubles des précédentes.

Belles épreuves en tirages à part, quatre sont remargées.

860 — Une planche double.

Superbe épreuve à l'eau-forte pure, grande marge.

861 — Suite de trois portraits et quatre vignettes in-8, pour les Annales du règne de Marie-Thérèse, 1775, in-8 (20, 34, 100 et 555-558).

Superbes épreuves avant la lettre, à toute marge, le portrait de Marie-Antoinette est plus court.

862 — Deux portraits têtes de page et quatre vignettes, pour le même ouvrage.

Belles épreuves avant la lettre, les deux portraits sont plus courts.

863 — Planches séparées de la collection précédente.

Dix-sept pièces, dont six avant la lettre.

864 — Suite de sept vignettes pour les Saisons de Saint-Lambert, 1775, in-S, suivi des Contes, Poësies fugitives, etc. (1522-1528).

Très belles épreuves avant la lettre, une est à l'eau-forte pure, la plupart à grandes marges.

865 — Trois planches doubles.

Belles épreuves avant la lettre, marges.

MOREAU le jeune (d'après J. M.)

866 — Planches séparées de la collection précédente.

Dix-neuf pièces, deux sont avant la lettre, on y a joint deux tirages a part de Choffard.

867 — Une Fête dans un parc. Vignette in-8, gravé par N. de Launay, pour les à-propos de Société par Laujon, 1776 (933).

Superbe épreuve à l'état d'eau-forte avancée, petites marges.

868 — Une Fête dans un parc, trois en-tête, et deux culs-de-lampe, pour les a-propos de Société, de Laujon, 1776 (932-942).

Superbes épreuves en tirages à part, grandes marges.

869 — Deux en-têtes, doubles des précédents.

Belles épreuves en tirages à part.

870 — Titres, vignettes et culs-de-lampe, pour le même ouvrage.

Onze pièces, belles épreuves.

871 — Frontispices gravés et figures in-8, pour les A-propos de société, par Laujon, 10 pièces.

Belles épreuves.

872 — Suite de douze vignettes, réduction des estampes du Monument du Costume physique et moral, in-12, 1776 (1372-1383).

Belles épreuves, grandes marges.

873 — Planches doubles et copies des précédentes, parues dans les Tableaux de la Bonne compagnie, in-12, 1787.

Dix-neuf pièces.

874 — Donation du Dauphiné à la France, gravé par N. Le Mire, 1776.

Superbe épreuve avant toute lettre, grandes marges.

875 — Six figures in-8, pour les Incas, de Marmontel, 1777 (986).

Superbes épreuves à l'eau-forte pure, grandes marges, rare.

876 — Six planches pour le même ouvrage.

Belles épreuves avant la lettre, grandes marges, une est à l'eau-forte pure.

MOREAU le jeune (d'après J. M.)

877 — Memnon, in-8, par J^{ne} Deny, pour les Contes de Voltaire, 1778 (1593).

    Très belle épreuve à l'eau-forte pure, marges.

878 — Frontispice in-8, gravé par R. de Launay le jeune, 1778. Mercure sort d'un temple tenant une boule, où est écrit : *Amérique.*

    Trois épreuves de graveur, eau-forte pure, eau-forte avancée, et avant la lettre, grandes marges.

879 — Mort du chevalier d'Assas, in-8, en travers, par J.-B. Simonet, 1781.

    Belle épreuve avant la lettre, marges.

880 — Un Anglais de la Barbade vend sa maitresse, figure in-4, pour les œuvres de Raynal, 1781 (1327).

    Superbe épreuve à l'eau-forte pure, marges.

881 — Couronnement de Voltaire sur le Théâtre-Français, le 30 mars 1778, par G.-E. Gaucher, 1782 (261).

    Superbe épreuve du premier état à l'eau-forte pure, avec le buste de Voltaire jeune, grandes marges.

882 — La même estampe.

    Belle épreuve avec le titre : *Couronnement de Voltaire.,* en deux lignes, et avant les armes, petites marges.

883 — L'Ingénu. — Le Pauvre diable. — Marianne, trois pièces in-4, pour les œuvres de Voltaire, 1782.

    Superbes épreuves d'artiste avant toute lettre, une est à l'eau-forte pure, marges.

884 — Deux planches doubles.

    Quatre épreuves avant la lettre, marges.

885 — Deux figures in-18, pour la Henriade, 1782.

    Belles épreuves avant la lettre, dont une à l'eau-forte pure, marges.

886 — Philoclès dans l'Ile de Samos, deux compositions différentes, gravées par Leveau et Simonet, 1784 et 1791 (1533-1534).

    Onze épreuves en différents états.

MOREAU le jeune (d'après J. M.)

887. — Suite de cent-douze portraits et figures in-8, pour les œuvres de Voltaire. Edition de Kehl, 1784-1789 (1595).
Très belles épreuves du premier tirage, non ébarbées.

888 — Trente-six planches, doubles des précédentes.
Très belles épreuves avant la lettre, la plupart avec grandes marges.

889 — Seize planches doubles.
Très rares épreuves à l'eau-forte pure, marges.

890 — Suite de vingt-et-une figures in-8, pour la Pucelle, de Voltaire. Edition de Kehl, 1784-1789 (1595).
Superbes épreuves avant la lettre, marges grand in-8, rare.

891 — Suite de 1 frontispice et 166 vignettes têtes de page pour les Figure de l'Histoire de France de l'abbé Garnier, 1785-1790 (561-722).
Belles épreuves à toute marge.

892 — Quarante planches, doubles de la collection précédente.
Epreuves a l'eau-forte pure, la plupart à toute marge.

893 — Planches séparées de la même collection, cent-vingt-quatre pièces.
Belles épreuves à toute marge.

894 — Trois figures in-18, pour Paul et Virginie, 1789 (1540).
Superbes épreuves avant la lettre a toutes marges.

895 — Suite de 1 frontispice avec portrait du roi de Prusse, deux dédicaces, deux portraits et dix figures in-4, pour la Henriade, édition de Kehl, 1789 (1594)
Très belles épreuves avant la lettre à toute marge.

896 — La même collection, de un portrait et dix estampes.
Superbes épreuves avant la lettre, les noms d'artistes tracés à la pointe, très rare.

897 — Deux planches doubles.
Superbes épreuves à l'eau-forte pure, grandes marges.

MOREAU le jeune (d'après J. M.)

898 — Suite de quatre figures in-18, pour l'Histoire du petit Jehan de Saintré, 1791 (1568-1571).

Belles épreuves avant la lettre, grandes marges.

899 — La même collection.

Superbes épreuves à l'eau-forte pure, grandes marges, une planche est double gravée en contre-partie par Moithey, 5 pièces.

900 — Suite de quatre figures in-18, pour Gérard de Nevers, 1792 (1572-1575).

Belles épreuves avant la lettre, grandes marges, une planche est double à l'eau-forte pure, 5 pièces.

901 — Réception de Mirabeau aux Champs-Elysées, par L.-J. Masquelier, 1792 (271).

Epreuve à l'eau-forte pure, petites marges.

902 — Six figures in-18, pour l'almanach historique de la Révolution française, par Rabaut, 1792 (1295-1300).

Epreuves en double état, avec et avant la lettre (manque une planche), 11 pièces.

903 — Planches séparées de la collection précédente et réduction du frontispice, onze pièces.

Belles épreuves avant la lettre et à l'eau-forte pure.

904 — Dix-sept figures in-8, pour le Nouveau Testament, 1793-1798 (1114).

Belles épreuves avant la lettre, une est à l'eau-forte pure.

905 — Suite de six figures in-18, pour les œuvres choisies de Gresset, *Paris, Saugrain*, 1794 (781-786).

Très belles épreuves avant la lettre, marges.

906 — La même collection.

Epreuves avec la lettre, marges in-8.

907 — De la même collection : *Vert-Vert, chant II*, épreuve à l'eau-forte pure. — *Le Lutrin vivant*, épreuve avant toute lettre. — *Le Méchant*, deux épreuves avant la lettre, 4 pièces, grandes marges.

MOREAU le jeune (d'après J. M.)

908 — Deux figures in-4, pour Adonis, 1795 (925).
Très belles épreuves à l'eau-forte pure, une pièce est à toute marge.

909 — Deux frontispices in-4, pour les Satires de Juvénal, 1796 (959-960).
Belles épreuves, une est avant la lettre, marges.

910 — Suite de huit figures in-4, pour les lettres d'Héloïse et d'Abeilard, 1796 (973-980).
Belles épreuves avant la lettre, à toute marge.

911 — Planches doubles des précédentes, et sujets différents par d'autres artistes, onze pièces.
Belles épreuves.

912 — Un portrait, par Dupréel et cinq figures in-8, pour les Géorgiques de Virgile, 1796 (1579-1583).
Belles épreuves avant la lettre, marges in-4, cinq planches sont doubles avec la lettre, onze pièces.

913 — Suite de un portrait, gravé par R. Delvaux, et huit figures in-18, pour Psyché et Adonis, 1797 (924).
Très belles épreuves avant la lettre, à toute marge (une planche est remargée).

914 — Suite de trois portraits et quarante-huit figures in-8, pour les Œuvres de S. Gessner 1799 (729-776).
Tres belles épreuves avant la lettre, marges in-4.

915 — La même collection.
Superbes épreuves à l'eau-forte pure, marges in-8, une planche est double, gravée par un artiste différent, quarante-neuf pièces.

916 — Vignette in-18, gravée par de Villiers, jeune enfant offrant un livre ou se trouve écrit : *Paul et Virginie* (1843).
Très belle épreuve avant la lettre, à toute marge.

917 — Suite de six gravures in-4, en hauteur et en largeur, entreprise et demeurée inachevée pour orner une édition in-4 de : Voyage du jeune Anacharsis, par Barthélemy, *Paris, Didot, an VII* (1844-1849).
Superbes et rares épreuves à l'eau-forte pure et avant la lettre, ensemble onze pièces.

MOREAU le jeune (d'après J. M.)

918 — La Mélancolie. — Le Mérite des femmes, deux figures in-8, 1800 (945-946).

Belles épreuves avant la lettre, marges in-4, deux sont doubles, quatre pièces.

919 — Suite de cent treize figures in-8, pour les Œuvres de Voltaire, édition Renouard (1704).

Superbes épreuves à l'eau-forte pure, marges grand in-8, très rare.

920 — La même collection.

Très belles épreuves avant la lettre, marges in-4, avec les soixante-sept portraits, gravés par A. de Saint-Aubin, épreuves avec la lettre grise, cent quatre-vingt pièces.

921 — La même collection de cent quatre-vingt pièces.

Belles épreuves avec la lettre, marges in-4.

922 — Suite de un portrait, gravé par Delvaux et vingt-cinq figures in-8, pour les Aventures de Télémaque. Paris, Renouard, 1802 (508-532).

Très belles épreuves avant la lettre, à toute marge.

923 — La même collection.

Très belles épreuves avant la lettre, marges in-4, on y a joint trois portraits par A. de Saint-Aubin, dont celui du duc de Bourgogne, épreuve avant toute lettre.

924 — La même collection.

Superbes épreuves à l'eau-forte pure, marges grand in-4, vingt-cinq pièces très rare.

925 — Figure in-8, gravée par Devilliers pour le Journal d'un Voyage en Savoie, par le comte H. de La Bédoyère, 1804 (861).

Cinq épreuves avant la lettre, dont une à l'eau-forte pure, grandes marges.

926 — Quatre figures in-4, pour l'Enéide de Virgile, 1804 (1584-1587).

Très belles épreuves avant la lettre, grandes marges.

927 — Les mêmes pièces, réduites in-8, 1804.

Belles épreuves avant la lettre, marges in-4.

MOREAU le jeune (d'après J. M.)

928 — Suite de un portrait, gravé par A. de Saint-Aubin et douze
figures in-8, pour les OEuvres de J. Racine, édition Renouard,
1805 (1301-1312).

Très belles épreuves avant la lettre, grandes marges

929 — La même collection.

Epreuves avec la lettre, à toute marge (deux exemplaires).

930 — Une vignette tête-de page et deux figures in-8, pour : Mes
passe temps par Despréaux, 1806-1809 (483-485).

Belles épreuves avant la lettre, la vignette est en trois états, sept pièces.

931 — Suite de six figures in-8, pour le comte de Valmont, par
l'abbé Gérard, 1807 (723-728),

Belles épreuves avant la lettre, marges in-4.

932 — Suite de un portrait gravé par Tardieu, et trente-six figures
in-8, pour Les Lettres à Emilie sur la mythologie, 1809 (419-
454).

Très belles épreuves avant la lettre, marges in-4.

933 — La même collection.

Superbes épreuves à l'eau-forte pure, grandes marges (le portrait manque).

934 — La même collection.

Belles épreuves avec la lettre du premier tirage, deux à la feuille, à toute
marge.

935 — Suite de un portrait, gravé par Dupréel, et douze figures
in-8, pour les œuvres de J. Racine, édition Raymond et
Ménard, 1811 (1313-1324).

Très belles épreuves, avant la lettre, à toute marge.

936 — La même collection.

Epreuves avec la lettre, à toute marge.

937 — Suite de un portrait gravé par A. de Saint-Aubin, et huit
figures in-8, pour les œnvres de Gresset, 1811 (787-794).

Très belles épreuves avant la lettre, à toute marge.

MOREAU le jeune (d'après J. M.)

938 — Trois planches, doubles des précédentes, pour les Chants I,
II, III, de Vert-Vert.

> Superbes épreuves à l'eau-forte pure; grandes marges.

939 — Suite de huit portraits, gravés par A. de Saint-Aubin, et
quatre figures in-8, pour les œuvres d'Ant. Hamilton, 1812
(796-799).

> Superbes épreuves avant la lettre, marges in-4.

940 — La même collection.

> Belles épreuves avec la lettre, tirées sur papier de Chine volant.

941 — Quatre pièces de la même collection, *Mlle Hamilton.* —
Cte de Grammont. — Les quatre facardius. — Le Bélier.

> Belles épreuves à l'eau-forte pure.

942 — Le Mérite des Femmes, figure in-12, gravée par Bosq, 1813
(947).

> Sept épreuves avant la lettre, dont une à l'eau-forte pure.

943 — Suite de un portrait gravé par A. de Saint-Aubin, et trente
figures in-8, pour les œuvres de Molière, édition de Renouard,
vers 1815 (1054-1083).

> Très belles épreuves avant la lettre, marges grand in-8.

944 — La même collection.

> Superbes épreuves à l'eau-forte pure, marges grand in-8. Le sujet d'Amphi-
> trion est gravé deux fois, trente-deux pièces.

945 — Suite de un portrait, gravé par Ribault et vingt-cinq figures
in-8, pour les œuvres de J. de Lafontaine 1814 (899).

> Très belles épreuves avant la lettre, grandes marges.

946 — La même collection.

> Superbes épreuves à l'eau-forte pure, grandes marges, très rare.

947 — La même collection.

> Epreuves avec la lettre à toute marge, on y a joint la figure de Heina pour
> Psyché, vingt-sept pièces.

MOREAU le jeune (d'après J. M.)

948 — Suite de un portrait, gravé par Dequevauvillers, et vingt-
cinq figures in-8, édition de 1822 (899).
   Très belles épreuves avant la lettre, marges in-4.

949 — Suite de douze figures in-8, pour l'histoire de Tom Jones.
Paris, Didot, 1833 (333-544).
   Très belles épreuves avant la lettre, marges in-4.

950 — L'Isle d'Ouessant. — Mes Quatre âges. — Fleurons et culs-
de-lampe, sept pièces.
   Très belles épreuves avant la lettre, grandes marges.

951 — Institution de la Toison d'or. — Vignettes pour la Henriade,
les œuvres de Raynal et de l'Arioste, quatre pièces.
   Superbes épreuves à l'eau-forte pure, marges.

952 — Réunion de cinquante-sept figures et fleurons in-8, pour
différents ouvrages.
   Belles épreuves, la plupart sont avant la lettre, ou en tirages à part.

MOREAU et DESENNE (d'après)

953 — Suite de quatre figures in-18, pour Paul et Virginie. *Paris,*
Délerville, 1816 (1541).
   Belles épreuves en double état, avant et avec la lettre, marges.

954 — Suite de dix-huit figures in-8, pour les Fabliaux et contes
de Legrand d'Aussy, 1829 (948-962).
   Belles épreuves avant la lettre sur papier de Chine, marges grand in-8.

955 — Trois planches, doubles des précédentes.
   Belles épreuves à l'eau-forte pure, marges.

MOREAU, GRAVELOT, MONNET et autres (d'après)

956 — Suite de cent quarante figures in-8, plus les planches de
dédicaces pour les Métamorphoses d'Ovide. Edition Banier,
1767-1771, 143 pièces (1227-1281).
   Superbes épreuves du 1er tirage à toute marge.

957 — Trente-quatre planches, doubles de la collection précédente.
   Superbes épreuves avant la lettre, grandes marges.

MOREAU et LOUTHERBOURG (d'après)

958 — Quatorze figures in-8, pour le Théâtre de Shakespeare, 1775
(1554-1560).

Très belles épreuves, sept sont avant la lettre, à toute marge.

MOREAU et MARILLIER (d'après)

959 — Suite de douze figures in-8, dont un portrait pour les œuvres
de Regnard, 1789-1790 (1340-1346).

Belles épreuves à toute marge.

960 — Le retour imprévu. — Les Chinois, trois planches, doubles
des précédentes.

Très belles épreuves avant la lettre, grandes margés.

MOREAU et VERNET (d'après)

961 — Quatre figures in-8, pour Paul et Virginie, 1792 (1544).

Épreuves avant la lettre, gouachées, plus trois épreuves du même état, en
noir, 7 pièces in-folio.

NANTEUIL (Célestin)

962 — Décors pour le bal d'Alexandre Dumas.

Belle épreuve sur papier de Chine, toute marge.

OUDRY (d'après)

963 — Daphnis et Alcimadure, fable de Lafontaine, in-4.

Très belle épreuve à l'eau-forte pure

PARIS (Pièces sur)

964 — Nouveau plan de Paris, itinéraire des Nouvelles Voitures
(vers 1840).

Belle épreuve coloriée, à toute marge.

PÉRELLE

965 — Les saisons. — Vues. — Marines. — Paysages, vingt-neuf
pièces.

Belles épreuves, marges.

PERRIN (d'après)

966 — Suite de dix figures, pour la Pharsale de Lucain, 1796.

Épreuve en triple état, avant la lettre sur deux papiers différents et eaux-
fortes pures (manque une planche), 29 pièces.

PICARD (Bernard)

967 — Le Rossignol, conte de Lafontaine, in-8.
Belle épreuve, grandes marges

PIÈCES HISTORIQUES

968 — Le Gâteau des Rois. — La situation de la Pologne, deux
pièces par Le Mire et autre.
Belles épreuves, petites marges.

969 — Adieux de Louis XVI à sa famille, in-4 travers.
Belle épreuve à l'eau-forte pure, grandes marges.

PIERRE (d'après)

970 — Trois figures in-8, pour l'Aminta du Tasse.
Très belles épreuves.

PRUDHON (d'après P. P.)

971 — Suite de quatre gravures in-4, pour l'Art d'Aimer, de Bernard, 1797.
Superbes épreuves avant la lettre, grandes marges.

972 — Choisir l'objet. — L'Enflammer. — En Jouir, trois pièces
doubles des précédentes.
Très belles épreuves avant la lettre, grandes marges.

973 — La Grotte, in-8, gravé par B. Roger.
Très belle épreuve avant la lettre, avec la tablette ombrée et les noms des
artistes à la pointe.

974 — La même composition.
Epreuve avec la tablette effacée et deux autres compositions pour la Tribue
Indienne, cinq pièces.

975 — Abrocome et Anzia, in-12, par B. Roger.
Vingt épreuves, la plupart à toute marge.

976 — Aminta, in-12, par B. Roger.
Trois épreuves à grandes marges.

977 — Daphnis et Chloé, figure in-12, gravé par B. Roger, 1800.
Neuf épreuves, grandes marges.

PRUDHON (d'après P. P.)

978 — Trois figures in-4, pour Daphnis et Chloé, 1800.
Épreuves en double état avant et avec la pagination, six pièces.

979 — Suite de un portrait, d'après De Gault, et cinq figures in-8,
pour la Nouvelle Héloise, 1804.
Belles épreuves à toute marge.

980 — La même collection.
Belles épreuves, grandes marges.

981 — *L'Héroïsme de la Valeur.* — *Il appliqua sur sa main
malade des baisers de feu,* deux planches doubles des précédentes.
Superbes épreuves avant la lettre, marges.

982 — Le Naufrage de Virginie, in-4, par B. Roger.
Très belle épreuve avant la lettre, les noms tracés à la pointe.

983 — Le Naufrage de Virginie, in-8, par B. Roger.
Épreuve en double état, eau-forte pure et avant la lettre, à toute marge.

984 — Le Christ portant sa croix, in-8, par B. Roger.
Belle épreuve avant la lettre à toute marge.

985 — Phrosine et Mélidor, in-8, par B. Roger, 1823.
Trois épreuves avant la lettre, dont une à l'eau-forte pure, on y a joint le dessin du graveur réduit au carreau, ensemble quatre pièces.

PUNT (J.)

986 — Suite de trente-quatre figures in-18, dont un portrait pour
les OEuvres de Molière, 1740.
Belles épreuves tirées quatre et six à la feuille, très rare dans cette condition.

QUEVERDO (Fr. M.)

987 — Panneau pour salle à manger. — Panneau de Cabinet. —
Panneau pour une salle de bain. — Dessus de porte. — De-
vant de cheminée. Six pièces.
Belles épreuves, petites marges.

QUEVERDO (d'après)

988 — Neuf figures in-18, pour un Almanach, vers 1780. —
Superbes épreuves à l'eau-forte pure.

989 — Deux fleurons de titre et deux figures in-8, pour la Dernière Héloïse, 1784.
Belles épreuves, les fleurons sont en tirages à part et une figure est avant la lettre, deux planches sont doubles, six pièces.

990 — Scène pastorale, charmante composition, par Thérèse Martinet.
Belle épreuve, marges.

RAFFET

991 — XIII Vendémiaire 1795, eau-forte originale, in-8.
Très belle épreuve à toute marge.

RAMBERG (J.-H.)

992 — Joconde. — Le Villageois qui cherche son veau. — La Gageure des trois commères. — La Jument du compère Pierre.
Quatre pièces coloriées, à toute marge.

993 — Le Villageois qui cherche son veau. — La Gageure des trois commères.
Deux pièces, en noir, à toute marge.

RAMBERG (d'après J.-H.)

994 — Suite de six compositions dessinées et gravées au trait pour les Contes de La Fontaine, *Paris, Lemonnyer*, 1884.
Epreuves avant la lettre, du premier état sur papier du Japon (2 exemplaires).

995 — La même collection.
Epreuves avant la lettre sur papier Whatmann.

996 — La même collection.
Epreuves du troisième état, tirage en noir sur papier vergé.

997 — La même collection.
Epreuves du quatrième état sur papier vergé et sur papier du Japon, tirage en noir, bistre et sanguine (3 exemplaires).

RANSONNETTE

998 — Trente-trois figures in-8, pour les Crimes des Rois et des Empereurs, 1793.

Belles épreuves, la plupart à toute marge.

999 — Quarante figures in-8, pour la vie et les aventures de Lazarille de Tormes, 1801.

Belles épreuves avant la lettre à toute marge, quatre planches sont doubles avant toute lettre.

1000 — Titres. — Vignettes. — Fleurons. — Sujets militaires. — Paysages, quarante pièces.

Belles épreuves, un grand nombre sont à l'eau-forte pure.

REGNAULT et LEBARBIER (d'après)

1001 — Suite de douze figures in-18, pour le temple de Gnide, 1795.

Très belles épreuves avant la lettre à toute marge On y a joint deux planches doubles, pour Arsace et Isménio, gravées par Halbou, 14 pièces.

1002 — La même collection.

Epreuves avant la lettre, 13 pièces, petites marges.

1003 — La même collection.

Très belles épreuves à l'eau-forte pure, 13 pièces, petites marges.

1004 — La même collection.

Epreuves avec la lettre, 12 pièces, à toute marge.

RÉVOLUTION FRANÇAISE (pièces relatives à la)

1005 — Cinquante-deux vignettes et portraits in-8, de Louis XVI, Marie-Antoinette, Charlotte Corday et autres.

Belles épreuves, la plupart sont avant la lettre ou en épreuves d'artistes.

1006 — Suite de cent cinquante-six portraits, titres et estampes, gravés par Portmann, Claessens et Vinkelès, pour une édition hollandaise.

Epreuves à toute marge.

1007 — Réunion de cinquante-six figures et portraits in-8, pour l'Histoire de la Bastille, du Donjon de Vincennes et personnages de l'époque de la Révolution.

Epreuves à toute marge.

RÉVOLUTION FRANÇAISE (pièces relatives à à la)

1008 — Costumes et portraits, vingt-six pièces coloriées.
  Epreuves à grandes marges.

ROYER (d'après Lionel)

1009 — Suite de dix compositions in-4, pour illustrer Manon Lescaut. *Paris, Magnier,* 1887.
  Doubles épreuves, 1· à l'aquarelle avant toute lettre ; 2· avec la lettre, en bistre, sur papier de Hollande.

1010 — La même collection.
  Epreuves avec la lettre sur papier de Hollande.

SAINT-AUBIN (Aug. de)

1011 — Bain public en Russie, in-4.
  Belle épreuve avant la lettre, grandes marges.

1012 — Les Attributs de Vénus, fleurons, vignettes et culs-de-
  lampe, neuf pièces.
  Très belles épreuves en tirages à part, la plupart à grandes marges.

SAINT-AUBIN (d'après Aug. de)

1013 — Le Bal paré. — Le Concert, deux pièces par L. Provost.
  Epreuves de la reproduction.

1014 — Les mêmes estampes.
  Epreuves avant la lettre de la reproduction.

SAINT-AUBIN (d'après G. de)

1015 — Suite de un frontispice et quatre figures in-8, pour Narcisse
  dans l'Ile de Vénus, par Malfilâtre, 1769.
  Belles épreuves, une planche est double à l'eau-forte pure, grandes marges.

SAINT-QUENTIN (d'après)

1016 — Cinq figures in-8, gravées par Halbou, Liénart et Lingée,
  pour la Folle Journée, de Beaumarchais. Edition de Kehl.
  Belles épreuves.

1017 — Actes I, II, III et V de la même collection.
  Très rares épreuves à l'état d'eau-forte pure, avant l'entourage, grandes
  marges.

SAINT-QUENTIN (d'après)

1018 — Acte II de la même collection.

Eau-forte pure, marges.

1019 — Actes I et IV de la même collection.

Très belles épreuves avant la lettre et avec l'encadrement, une pièce est signée
à la pointe.

1020 — Cinq figures in-8, gravées par Malapeau et Roi, pour la
Folle Journée. Edition de 1785.

Belles épreuves à toute marge.

1021 — Actes I et II de la même collection.

Superbes épreuves avant toute lettre, signées à la pointe par Malapeau,
toute marge.

1022 — Acte III, gravé par Chr. de Méchel.

Très belle épreuve avant toute lettre, grandes marges.

SCHELLÉNBERG

1023 — Railleries, suite de huit petites estampes en travers, 1772.

Très belles épreuves.

SCORODOMOFF (G.)

1024 — A Sultana, d'après Loutherbourgh.

Belle épreuve en couleur, à toute marge.

1025 — A Lady, contemplating on her Lovers Picture, d'après
Angelica Kaufmann.

Belle épreuve, imprimée à la sanguine, toute marge.

SMIRKE (d'après)

1026 — Suite de vingt-quatre figures in-8, pour Gil-Blas, 1809.

Belles épreuves sur papier de Chine, marges in-4.

1027 — Suite de sept figures in-8, dont un fleuron de titre pour
Lalla-Rookh, par Moore, 1821.

Belles épreuves avant la lettre sur papier de Chine, in-folio.

SOMM (H.)

1028 — Vignettes, sujets gracieux, Scènes des boulevards, etc.,
quatorze pièces.

Epreuves d'artiste à toute marge.

STOTHART (d'après)

1029 — Suite de vingt-deux figures in-8, pour les Aventures de
Robinson Crusoé, Londres, 1820.

Très belles épreuves avant la lettre sur papier de Chine, in-folio.

1030 — Suite de quatre vignettes, têtes de page, pour un ouvrage
pastoral.

Belles épreuves avant la lettre sur papier de Chine, à toute marge.

TAUNAY (d'après)

1031 — Noce de Village. — Foire de Village. — La Rixe. — Le
Tambourin, suite de quatre pièces, gravées en couleur par
Descourtis.

Très belles épreuves, une est à toute marge, et deux sont courtes.

THÉATRE (Pièces sur le)

1032 — Suite de six figures in-8, par Queverdo et Marie-Thérèse
Martinet, pour Rose et Colas, comédie par Sedaine, 1764.

Superbes épreuves à toute marge.

1033 — Suite de six vignettes grand in-8, d'après Queverdo, pour
le Déserteur, drame en trois actes, par Sedaine, 1769.

Superbes épreuves à toute marge.

1034 — Suite de six vignettes in-8, d'après Queverdo, pour le Ma-
réchal-ferrant par Anseaume, 1769.

Superbes épreuves, à toute marge.

1035 — Suite de six vignettes in-8, d'après Patas, pour le Huron,
1772.

Très belles épreuves, marges.

1036 — Suite de six figures in-8, de Duclos, pour le Déserteur,
comédie par Sédaine, 1782.

Belles épreuves à toute marge.

THÉATRE (pièces sur le)

1037 — Réunion de quatre-vingt-dix vignettes in-8, par ou d'après
Duclos, Queverdo, Gravelot, Chedel, Desrais, Martinet ét autres.

Belles épreuves, plusieurs sont avant la lettre.

1038 — Blaise et Babet. — L'amour en caravane. — Les aspirants
au droit le plus envié, trois figures in-12 en travers, coloriées.

Belles épreuves, petites marges.

1039 — Réunion de trente-cinq figures in-8, de Perin, pour le répertoire du Théâtre-Français.

Belles épreuves, la plupart sont avant la lettre, grandes marges.

1040 — Suite de quarante-quatre figures in-8, d'après les meilleurs artistes, pour le Théâtre anglais. *Londres, Cooke,*
1820.

Très belles épreuves à toute marge.

1041 — Album de Costumes, recueil de quatre-vingt-seize portraits in-4, en pied, coloriés, demi reliure chag. rouge.

Belles épreuves.

1042 — Environ cent pièces, scènes, portraits, costumes, gravures
et lithographies.

Belles épreuves, la plupart sont avant la lettre, marges in-folio.

UWINS (d'après)

1043 — Suite de douze figures in-12, gravées par Sangster, pour
le Vicaire de Wakefield, par Goldsmith. *Londres, Rimell et
fils.*

Belles épreuves avant la lettre, sur papier de Chine, in-folio.

VEYRASSAT

1044 — L'Ermite, tiré des contes de Lafontaine, eau-forte d'après
Subleyras.

Très belle épreuve en bistre.

1045 — Sous ce numéro il sera vendu environ 2000 pièces, viguet-
tes, frontispices, culs-de-lampe, fleurons des XVIII· et XIX·
siècles.

Sera divisé.

SUITES DE FIGURES

AMOURS DE MYRTIL (les)

1046 — Suite de 1 frontispice et 6 figures in-12, de Gravelot, édition
de 1761, plus 4 planches doubles, ensemble onze pièces.
Belles épreuves.

ANACRÉON

1047 — Odes. Suite complète de 4 figures in-8, d'après Girodet et
Bouillon, 1818, plus 5 épreuves avant la lettre ou à l'eau-forte
pure, ensemble 9 pièces.
Belles épreuves.

1048 — Odes. Réunion de 55 figures et portraits in-18 et in-8.
par ou d'après Eisen, Marillier, Desenne, Bouillon, etc.
Plusieurs sont avant la lettre.

ANDRIEUX

1049 — Suite de 1 portrait et 4 figures in-8, de Desenne. *Paris,
Nepveu,* 1818.
Trois exempl. à grandes marges.

APULÉE

1050 — L'Ane d'or. Suite de 1 portrait et 26 figures in-8, gravées
au trait, 1822.
Epreuves à toute marge.

ARETIN (Pierre)

1051 — Les Ragionamenti. Suite de vingt figures in-12, dessinées
par L. Dünkl et gravées par A. Prunaire.
Belles épreuves en double état à l'eau-forte pure, sur papier d'épreuve et
avec la lettre, sur papier de Chine.

ARIOSTE

1052 — Roland furieux. Suite de un portrait par Ficquet et quarante-six figures in-8 d'après Cipriani, Cochin, Eisen,etc., édition de Baskerwille 1773.
Très belles épreuves à grandes marges.

1053 — La même collection.
Marges in-8.

1054 — Vingt-trois planches doubles.
Très belles épreuves avant la lettre, plusieurs sont à toute marge.

1055 — La même collection.
Epreuves du deuxième tirage avec cadres, marges in-4, demi reliure.

1056 — Roland furieux. Suite de quarante-six figures in-8 d'après
Cochin et deux de Moreau le Jeune, édition Brunet, 1775-1783.
Très belles épreuves avant la lettre à toute marge.

1057 — Six collections, tirages postérieurs.
Marges in-8 et grand in-8.

1058 — Trente planches, doubles de la collection précédente.
Belles épreuves avant la lettre, marges irrégulières.

1059 — Roland furieux. Suite de vingt-cinq figures in-8, gravées
sur bois d'après Tony Johannot. — Suite de quarante-six
figures in-18, de Verico. — Suite de dix-sept figures in-18,
d'après Célestin Nanteuil — Deux figures in-18, d'après Desenne. — Douze figures in-18, non signées, ensemble cent-
deux pièces.
Bonnes épreuves.

1060 — Roland furieux. Sujets divers et planches séparées des collections précédentes.
Environ quatre-vingt pièces.

ARMSTRONG

1061 — L'Economie de l'Amour. Suite de quatre figures in-18, de
Gibelin, plus une eau-forte pure, ensemble cinq pièces.
Epreuves avec marges.

ARNAUD (J. Baculard d')

1062 — Œuvres. — Réunion de cent-cinquante figures, vignettes
et culs-de-lampe, d'après Eisen, Marillier, Lebarbier et autres.
Plusieurs sont avant la lettre.

BALZAC (H. de)

1063 — La Peau de chagrin. Suite de soixante-dix-sept vignettes
in-8, tirages hors texte de l'édition Delloye, 1838.
Epreuves à toute marge.

1064 — Portraits de Pauline et Fœdora.
Epreuves avant la lettre sur papier de Chine.

BARTHÉLEMY (L'abbé)

1065 — Voyage du jeune Anacharsis en Grèce. Suite de un portrait
et six figures in-18, de Pfitzer. — Suite de vingt-neuf figures
in-18 de Devéria, épreuves avant la lettre. — Suite de onze
figures in-8, d'après Tourcaty.
Ensemble quarante-sept pièces.

1066 — Réunion d'environ quatre-vingts pièces. Vues, portraits,
cartes, pour le même ouvrage.
Dont trois dessins à la sépia.

BEAUMARCHAIS

1067 — La Folle journée. Suite de cinq figures in-8, de Saint-
Quentin, gravées par Malapeau et Roi.
Epreuves à toute marge.

1068 — La Folle Journée. Suite de cinq figures, de Saint-Quentin,
gravée par Halbou, Liénart et Lingée. — La même suite,
gravée par Malapeau et Roi.
Belles épreuves, ensemble dix pièces.

1069 — Vingt-six pièces, doubles des collections précédentes.
Marges.

1070 — La folle Journée. Suite de douze figures in-18, de Chodowiecky, belles épreuves remargées. — Suite de un portrait
et cinq figures in-8, dessinés et gravés par E. Baugnies,
1879. Epreuves d'artiste sur papier du Japon.
Ensemble dix-huit pièces.

BEAUMARCHAIS

1071 — Le Barbier de Séville. Suite de un portrait et quatre figures in-12, gravées à l'eau-forte, par G. Cain.

Epreuves en triple état, avant la lettre, sur papier de Chine et sur papier du Japon, avec la lettre, ensemble 15 pièces.

1072 — Le Barbier de Séville. Suite de sept figures in-12 d'après Ramberg. — Une vignette in-12 travers, par Duplessis Bertaux, épreuve en triple état.

Ensemble dix pièces.

1073 — Œuvres. Suite de un portrait et six figures in-18, de Duvivier.

Epreuves avant la lettre (trois exemplaires).

1074 — Œuvres. Suite de un portrait et quatre figures in-8, de Johannot, édition Furne, 1829.

Belles épreuves en triple état, eaux-fortes pures et avant la lettre sur papier de Chine, avec la lettre sur papier blanc, ensemble quinze pièces.

1075 — Réunion de trente-huit sujets et portraits in-8 et in-4, plusieurs sont en couleur.

Belles épreuves.

BÉRANGER (P. J. de)

1076 — Chansons. Suite de sept figures in-8 travers coloriées, de Henri Monnier. Complétant les trente-trois de l'édition Baudouin 1828.

Belles épreuves à toute marge.

1077 — Chansons galantes. Suite de quinze figures in-8 à claire-voie, coloriées, de Henri Monnier.

Epreuves à toute marge.

1078 — Chansons. Suite de un portrait gravé par Cousin, 86 figures in-18, d'après Johannot et autres pour l'édition de 1829, seize figures in-18 pour la cinquième partie et deux figures pour le *Fils du Pape* et les *Infiniments petits*, ensemble cent cinq pièces.

Très belles épreuves avant la lettre sur papier de chine.

BÉRANGER (P. J. de)

1079 — Quarante-trois planches, doubles des précédentes.
Epreuves avant la lettre sur papier de Chine.

1080 — Album de soixante-quinze pièces de la même collection,
épreuves sur blanc. — Autre album de cinquante-cinq pièces,
dont le portrait, épreuves sur papier de Chine, in-8.
Belles épreuves.

1081 — Chansons. Suite de un portrait et cent-trois figures in-8
de Johannot et autres, pour l'édition de Perrotin, 1834.
Belles épreuves sur papier de Chine.

1082 — Chansons. Suite de cent-vingt figures in-8 gravées sur
bois, d'après Granville, édition Perrotin, 1836.
Belles épreuves sur papier de Chine volant, cartonné.

1083 — La même collection.
Epreuves sur papier de Chine volant, petites marges.

1084 — La même collection.
Epreuves sur blanc, grandes marges.

1085 — Chansons. Suite de un portrait et cinquante-deux figures
in-8, de Lemud et autres, édition Perrotin, 1847.
Epreuves à toute marge.

1086 — Dix-sept planches de la même collection.
Très belles épreuves d'artiste avant la lettre, grandes marges.

1087 — Chansons. Suite des trente figures in-8 de Johannot, avec
encadrements par Français. — Planches séparées des suites de Johannot, Granville et autres, environ deux cents pièces.
Bonnes épreuves.

BERCHOUX

1088 — La Gastronomie et autres poèmes. Suite de quatre figures
in-8, d'après Desenne.
Epreuves sur papier de Chine avant la lettre (deux exemplaires), plus deux
autres gravures, ensemble dix pièces.

BERNARD (Gentil)

1089 — L'art d'aimer et Phrosine et Mélidor. Suite de sept figures in-8, d'Eisen et Marlini 1772. — Suite de quatre figures
in-18, par Delignon. — Suite de cinq figures in-8, gravées au
trait, d'après Prudhon, etc., cinquante pièces.
> Belles épreuves.

1090 — Réunion de cinq figures in-4, de Prudhon, plus un dessin,
planches séparées, dont une avant la lettre. Six pièces.
> Belles épreuves.

BERNARDIN DE SAINT-PIERRE

1091 — OEuvres. Suite de seize figures in-8, d'après Moreau,
Prudhon, Lafitte, Vernet, Desenne et autres, *édition Méquignon Marvis,* 1818.
> Belles épreuves avant la lettre à toute marge, onze planches sont doubles à
> l'eau-forte pure, vingt-sept pièces.

1092 — OEuvres. Suite de un portrait et quinze figures in-8, de
Moreau, Lafitte, Prudhon, etc., pour *l'édition Méquignon
Marvis,* 1818.
> Belles épreuves en trois états, avant la lettre, et avec la lettre en noir et
> coloriées, ensemble quarante-huit pièces.

1093 — OEuvres. Suite de dix figures in-18, de Desenne, 1820,
trois exemplaires et planches séparées, ensemble quarante-cinq
pièces.
> Belles épreuves.

1094 — Paul et Virginie. Suite de quatre figures in-18, de Moreau,
1789. — Suite de quatre figures in-18, copies par Carrée. —
deux pièces in-18, d'après Moreau, sans noms d'artiste, ensemble dix pièces.
> Bonnes épreuves.

1095 — Paul et Virginie. Suite de six figures in-8, de Dutailly,
gravées au pointillé par Clément, Lefèvre et Mme Lingée,
1795.
> Très belles épreuves.

BERNARDIN DE SAINT-PIERRE

1096 — Paul et Virginie. Suite de quatre figures in-18, de Moreau le jeune et Desenne, édition *Déterville*, 1816.

Epreuves en double état, eaux-fortes pures et avant la lettre, huit pièces.

1097 — Paul et Virginie. Suite de six médaillons in-4, gravés en couleur et publiés chez Desmarquettes.

Belles épreuves.

1098 — Paul et Virginie. Suite de cinq figures in-12, de Westall, 1820.

Très belles épreuves.

1099 — Paul et Virginie. Suite de un fleuron de titre et quatre figures in-8 de Desenne, gravées par Heath, pour l'édition *Méquignon Marvis*, 1822.

Deux exemplaires avant la lettre, sur blanc et sur papier de Chine, ensemble neuf pièces.

1100 — La même collection.

Trois exemplaires avant et avec la lettre, ensemble douze pièces.

1101 — Paul et Virginie. Suite de quatre vignettes in-32, dont deux fleurons de titres, édition Verdet.

Epreuves en double état, eaux-fortes pures et avant la lettre sur papier de Chine, plus deux planches avec la lettre, ensemble dix pièces.

1102 — Paul et Virginie. Suite de un portrait et six figures in-18, de Desenne, édition Janet.

Belles épreuves, en double état, eaux-fortes pures et avant la lettre sur papier de Chine.

1103 — Paul et Virginie, suivi de la Chaumière Indienne. Suite de neuf figures in-18, à claire-voie, par Corboult, édition Lefèvre, vers 1828.

Belles épreuves en double état, eaux-fortes pures, sur papier de Chine, et avant la lettre sur blanc, dix-huit pièces.

1104 — La même collection.

Epreuves avant la lettre sur papier blanc, à toute marge.

BERNARDIN DE SAINT-PIERRE

1105 — Cinq pièces de la même collection, pour Paul et Virginie.
Epreuves à l'eau-forte pure sur papier de Chine, à toute marge.

1106 — Paul et Virginie. Suite de onze figures in-8, de Corboult,
édition Lefèvre, 1830.
Epreuves avant la lettre sur papier de Chine, marges in-folio.

1107 — Paul et Virginie. Suite de onze figures in-8, de Corboult,
édition Lequien, 1830.
Epreuves en double état, eaux-fortes pures et avant la lettre sur blanc, vingt-
deux pièces.

1108 — La même collection, également en double état, sur blanc
et sur papier de Chine, vingt-deux pièces.
Belles épreuves.

1109 — Paul et Virginie. Suite de six lithographies in-4, par
Eugène Leroux et Mouilleron.
Belles épreuves sur papier de Chine.

1110 — Paul et Virginie. Suite de six portraits sur acier et trente
figures in-8, gravées sur bois, pour l'édition Curmer, 1838.
Belles épreuves, habilement remargées à plat.

1111 — Planches séparées de la collection précédente, environ
soixante-dix pièces.
Belles épreuves.

1112 — Suite de sept portraits gravés sur acier, pour le même
ouvrage.
Belles épreuves du premier tirage, marges in-8.

1113 — La même collection, marges in-8.
Belles épreuves.

1114 — Planches doubles des précédentes et portraits anglais,
quinze pièces.
Plusieurs sont avant la lettre.

BERNARDIN DE SAINT-PIERRE

1115 — *Marguerite*, épreuve avant la lettre sur papier de Chine et avant le nom de l'imprimeur. — *La même*, rare épreuve à l'eau-forte pure. — *La Bramine*, belle épreuve avec l'Etoile au front. — *Le Docteur*, épreuve d'artiste avec les noms à la pointe, ensemble quatre pièces.

Superbes épreuves.

1116.— Paul et Virginie. Suite de un portrait et cinq figures in-18, par Laguillermie, épreuves avant la lettre. — Suite de quatre figures in-18, par Foulquier, épreuves sur papier de Chine. — Suite de cinq en-têtes, par Lévy, épreuves avant la lettre.

Ensemble 15 pièces.

1117 — Paul et Virginie. Suite de huit figures in-12, dessinées et gravées à l'eau-forte par Ad. Lalauze.

Epreuves avant la lettre sur papier de Hollande.

1118 — Paul et Virginie. Suite de un portrait et six figures in-18, par Hédouin.

Epreuves avant la lettre (deux exemplaires).

1119 — Réunion de cent-cinquante portraits, vues, estampes et figures séparées des collections précédentes.

Belles épreuves, la plupart sont avant la lettre ou à l'eau-forte pure, plusieurs sont très rares.

BERNIS (Le Cardinal de)

1120 — OEuvres. Suite de un portrait, gravé par Le Mire, et cinq figures in-8 à la manière noire, pour l'édition Didot, an V.

Belles épreuves avant la lettre à toute marge.

1121 — La même collection.

Même état.

BÉROALDE DE VERVILLE

1122 — Le moyen de parvenir. Suite de vingt-neuf figures in-18 têtes de page.

Tirages à part pour l'édition Willem.

BERQUIN

1123 — Œuvres. Suite de deux-cent-six figures in-18, de Borel, Le Barbier, Marillier, Monsiau et Moreau, pour l'édition Renouard, 1803.
Epreuves à toute marge. (Les 14 planches pour Grandisson sont avant la lettre)

1124 — Pièces diverses pour Pygmalion, et planches séparées de la collection précédente, cinquante pièces.
Plusieurs sont avant la lettre ou à l'eau-forte pure.

1125 — Pygmalion, scène lyrique, texte gravé par Drouet, tirage de Lemonnyer.
Exemplaire sur papier du Japon in-4, avec double tirage des vignettes en bistre et en sanguine (N° 93).

1126 — Les neuf vignettes pour le même ouvrage.
Tirages à part sur papier vergé ancien.

1127 — La même collection.
Tirages à part sur papier vergé in-4.

1128 — Pygmalion. Réunion de cinquante-neuf vignettes, d'après Eisen, Moreau et Marillier.
Belles épreuves.

BERTHET (Elie)

1129 — Eve et ses incarnations. Suite de douze figures in-8, gravées à l'eau-forte, d'après Antoine Monnier.
Epreuves sur papier du Japon.

BILLARDON DE SAUVIGNY

1130 — Réunion de quinze vignettes et frontispices pour les Aprèssoupers. — La Rosière de Salency. — Poésies érotiques, etc.
Belles épreuves, plusieurs sont avant la lettre.

BITAUBÉ

1131 — Joseph, poème. Suite de huit figures in-12, de Marillier. Paris, Didot, 1786.
Belles épreuves avant la lettre à toute marge, plus une eau-forte pure avant le cadre, en tout neuf pièces.

BITAUBÉ

1132 — Suite de neuf figures in-18, doubles des précédentes.
Belles épreuves.

1133 — Joseph, poëme. Suite de neuf figures, grand in-8, de Monnet, 1799.
Belles épreuves avant la lettre, marges in-4, une pièce est à l'eau-forte et on y a joint un dessin à la mine de plomb, 10 pièces.

1134 — Joseph, poëme. Suite de douze figures in-12 en largeur, par Martinet.
Belles épreuves avant la lettre sur papier de Chine, à toute marge.

1135 — Joseph, poëme. Réunion d'environ quatre-vingts figures in-18 et in-8, d'après Marillier, Monnet, Martinet et autres.
Belles épreuves, plusieurs sont avant la lettre ou à l'eau-forte pure.

BOCCACE

1136 — Contes. Suite de huit figures in-8, de Marillier. Édition Duprat, 1802. On y a joint quatre planches doubles avant les numéros, ensemble 12 pièces.
Belles épreuves.

1137 — Contes. Suites de onze figures in-12, dessinées et gravées à l'eau-forte, par Flameng, une planche est double en état différent, 12 pièces.
Très belles épreuves,

1138 — Contes. Figures in-8 gravées sur bois, d'après Johannot, Baron, Nanteuil, Granville et autres. Edition Barbier, 1846.
Epreuves sur Chine volant, environ 100 pièces.

1139 — Contes. Réunion d'environ cent-cinquante figures in-8, d'après Gravelot.
Epreuves anciennes à grande marge, plusieurs sont avant la lettre.

BOILEAU

1140 — OEuvres. Suite de un fleuron de titre, un grand cul-de-lampe avec armoiries et vingt-cinq culs-de-lampe, tous différents, dessinés et gravés par B. Picart. 1722.
Superbes épreuves en tirages à part, les deux grandes planches sont doubles, 29 pièces.

BOILEAU

1141 — Le Lutrin. Suite de six figures in-4 de Chereau, 1716. — Suite de six figures in-4 avec entourages de B. Picart, 1718. — Suite de six figures in-8 de Cochin, 1747. — Suite de neuf figures in-8, d'après B. Picart, 1772.

Belles épreuves, 28 pièces.

1142 — Le Lutrin. Suite de un portrait et six figures in-8, gravés par R. de Launay, d'après B. Picart. — La même suite à l'eau-forte pure, 13 pièces.

Belles épreuves.

1143 — Le Lutrin. Suite de un portrait de face, gravé par A. de Saint-Aubin et six figures in-8, de Moreau le jeune. Edition de Renouard.

Belles épreuves avant la lettre, grandes marges.

1144 — La même collection.

Même état.

1145 — La même collection.

Même état. Le portrait est avec la lettre (deux exemplaires) et planches séparées, 20 pièces.

1146 — La même collection.

Epreuves avec la lettre (3 exemplaires).

1147 — Le Lutrin. Suite de un portrait de face, gravé par A. de Saint-Aubin et six figures in-8, gravées à l'eau-forte par Delvaux, d'après B. Picart.

Belles épreuves (deux exemplaires).

1148 — Œuvres. Suite de trois portraits et dix figures in-8, de Carle et Horace Vernet, Roehn, Hersent et autres, pour l'édition de Blaise, 1821.

Epreuves en trois états, eaux-fortes pures (moins le portrait de Racine qui n'existe pas en cet état) avant et avec la lettre, 38 pièces.

1149 — Trois exemplaires de la même collection.

Epreuves avant la lettre, avec la lettre grise et avec la lettre, planches séparées, en tout 53 pièces.

BOILEAU

1150 — Le Lutrin. Suite de un portrait gravé par Lignon et six figures in-8, de Desenne. Edition Lefèvre 1821.

    Belles épreuves avant la lettre sur blanc et sur papier de Chine (deux
exemplaires).

1151 — Le Lutrin. Suite de un portrait, gravé par Ethiou et six
figures in-8 de Desenne, édition Furne (trois exemplaires).

    Epreuves avant la lettre sur papier de Chine, et avec la lettre sur Chine et
sur blanc, 21 pièces.

1152 — OEuvres. Suite de huit figures in-18 de Choquet, épreuves
avant la lettre. — Suite de neuf figures in-8 travers, de Fortin
épreuves avant la lettre. — Suite de sept figures in-8, gravées à
l'eau-forte par Hillemacher, épreuves sur chine volant. —
Suite de sept figures in-8, de Staal.

    Epreuves avant la lettre sur papier de Chine, 31 pièces.

1153 — Réunion de quatre-vingt pièces environ, doubles des collections précédentes.

    Belles épreuves, un grand nombre sont avant la lettre et plusieurs à l'eau-
forte pure.

1154 — Réunion de soixante-dix-sept portraits différents.
    Belles épreuves, la plupart sont avant la lettre et à l'eau-forte pure.

BOSSUET

1155 — Oraisons funèbres. Suite de douze sujets et vingt-cinq
portraits. Edition Janet, 1820.

    Belles épreuves avant la lettre, on y a joint 14 pièces à l'eau-forte pure, en-
semble 51 pièces à toute marge.

BOUFFLERS (Le chevalier de)

1156 — OEuvres. Suite de un portrait gravé, par Gaucher et huit
figures in-8, de Marillier.

    Epreuves à toute marge (2 exemplaires).

1157 — Planches doubles de la collection précédente, dix-sept
pièces avec et sans cadres.

    Belles épreuves.

BRILLAT-SAVARIN

1158 — La Physiologie du gout. Suite de sept figures in-8, de Bertall.

Epreuves sur papier de Chine, à toute marge.

BRUMOY (Le Père)

1159 — Le Théâtre des Grecs. Réunion de trente figures in-8 de Borel, De Fraine, Marillier et autres 1775-1789.

Cinq pièces sont avant la lettre ou à l'eau-forte pure.

BYRON (Lord)

1160 — Suite de vingt-et-une figures in-8, de Westall, 1819.

Belles épreuves, on y a joint treize planches doubles, 34 pièces.

1161 — Œuvres. Réunion de vingt-sept portraits et figures in-8.

La plupart avant la lettre et à l'eau-forte pure, plus 3 dessins originaux, ensemble 80 pièces.

1162 — Œuvres. Suite de douze figures in-8, d'après Alfred et Tony Johannot.

Belles épreuves avant la lettre sur papier de Chine, in-folio, on y a joint le portrait en épreuve d'artiste, et deux planches à l'eau-forte pure, 15 pièces.

1162 bis — La même collection.

Epreuves avec la lettre sur papier de Chine, à toute marge.

1162 ter — Planches séparées des collections précédentes.

Epreuves avant et avec la lettre, 27 pièces.

1163. Œuvres. Vingt-quatre fleurons de Johannot, épreuves sur papier de Chine avant la lettre. — Suite de Westall, édition Ladvocat, épreuves sur papier de Chine. — Portrait des femmes de Lord Byron, épreuves d'artiste dont un dessin original. — Lithographies et sujets divers.

Belles épreuves, plusieurs sont avant la lettre et à l'eau-forte pure, environ 80 pièces.

1164 — Œuvres. Réunion d'environ quatre-vingts vignettes, portraits et lithographies.

Belles épreuves, la plupart sont avant la lettre.

CAMOENS

1165 — La Lusiade. Suite de dix figures in-8, non signées. 1776.

On y a joint deux épreuves avant toute lettre, et une à l'eau-forte pure, 13 pièces.

CAMPENON

1166 — L'enfant Prodigue. Suite de quatre figures in-8 de Thévenin et Vincent. — Deux figures in-8 de Picot, six pièces.

Epreuves avant la lettre.

CAYLUS (Madame de)

1167 — Souvenirs. Suite de quatre figures in-8, gravées à l'eau-forte par Flameng.

Epreuves en double état, avec et sans l'entourage, plus 2 planches doubles, 10 pièces.

CAZOTTE

1168 — OEuvres badines. Suite de deux portraits et dix-sept figures in-8, édition Bastien, 1817.

Epreuves à toute marge.

1169 — Ollivier. Suite de douze figures in-18, de Lefèvre. Paris, Didot, 1798.

Epreuves avant la lettre (2 exemplaires).

1170 — Planches séparées pour Ollivier. Dix à l'eau-forte pure, onze avant la lettre, et cinq avec la lettre, vingt-six pièces.

Belles épreuves.

CENT NOUVELLES NOUVELLES

1171 — Suite de dix figures in-12, de Garnier, gravées par Lalauze, pour l'édition de Jouaust.

Epreuves en double état avant et avec la lettre, 20 pièces.

1172 — La même collection.

Belles épreuves avant la lettre sur papier Whatmann.

1173 — Suite de 8 figures in-18, à l'eau-forte pure, sans noms d'artistes.

Belles épreuves à toute marge.

CERVANTÈS

1174 — Don Quichotte. Suite de 1 portrait et 68 figures in-4, de
Van der Banck. Londres 1738.
> Belles épreuves du 1er tirage.

1175 — Don Quichotte. Suite de trente figures in-8, gravées par
Bouttats, édition de 1719. — Suite de 31 figures in-8, gravées
par Fokke et Folkema. — Suite de 31 figures in-8, gravées par
Brunet, 92 pièces.
> Bonnes épreuves.

1176 — Don Quichotte. Suite de trente-et-une figures in-4, d'après
Boucher, Coypel, Cochin, et autres. Édition de 1746.
> Belles épreuves à toute marge

1177 — Don Quichotte. Suite de 1 portrait et 13 figures in-4, gravés
en couleur par Lavallée, d'après Castillo.
> Très belles épreuves.

1178 — Don Quichotte. Suite de trente-trois figures in-8, gravées
par Duflos 1797, 3 cartes et 20 planches doubles.
> Très belles épreuves, 56 pièces.

1179 — Don Quichotte. Suite de vingt-quatre figures in-18, de
Lefèvre et Lebarbier.
> Belles épreuves en double état, eaux fortes pures et avant la lettre, 48 pièces.

1179 *bis* — La même collection.
> Épreuves avec la lettre, avec et sans cadres, quarante-huit pièces.

1180 — La même collection.
> Épreuves avec la lettre, 12 eaux-fortes pures, et 17 planches avant la lettre,
> 53 pièces.

1181 — Don Quichotte. Suite de trente-trois figures in-12, dessinées et gravées, par Novelli.
> Bonnes épreuves.

1182 — Don Quichotte. Suite de 74 figures in-8, de Smirke, édition de Londres 1818.
> Superbes épreuves avant la lettre, du 2e état, sur papier de Chine, marges
> in-4, très rare.

CERVANTÈS

1183 — Don Quichotte. Suite de seize figures in-12, à claire-voie gravées par Roger, Coupé et autres, publiées dans les œuvres de Florian. Edition Renouard.

> Belles épreuves avant la lettre, sur papier de Chine, plus 4 eaux-fortes pures, 20 pièces.

1184 — Don Quichotte. Suite de six figures in-8, de Deveria. Edition Delonchamps.

> Belles épreuves avant la lettre, sur papier de Chine, marges in-4.

1185 — La même collection.

> Epreuves avant la lettre, remargées grand in-4.

1186 — Don Quichotte. Suite de six figures in-8, de Choquet 1822.

> Epreuves avant la lettre, marges in-4.

1187 — La même collection.

> Epreuves à l'eau-forte pure, grandes marges, rare.

1188 — Don Quichotte. Suite de neuf figures in-12 par Denon, d'après Fragonard, tirage à la sanguine. — Suite de douze figures de Vernet et Lami, avec la lettre. — Dix pièces des mêmes, tirage de Furne. — Huit figures in-8, non signées, 39 pièces.

> Bonnes épreuves.

1189 — Don Quichotte. Suite de douze figures in-8, de Vernet et Lami. Edition de Méquignon-Marvis, 1822.

> Epreuves en double état, avant la lettre sur blanc et sur papier de Chine, 24 pièces.

1190 — La même collection.

> Belles épreuves avant la lettre, à laquelle on a joint le portrait de la suite à l'eau-forte pure (très rare) et une pièce à l'eau-forte.

1191 — La même collection.

> Epreuves en double état, avant et avec la lettre, 24 pièces.

CERVANTÈS

1192 — Don Quichotte. Suite de seize figures in-18 à claire-voie, d'après Courtin.

Belles épreuves avant la lettre sur papier de Chine, grand in-8.

1193 — La même collection.

Epreuves avant la lettre, remargées in-4.

1194 — Don Quichotte. Suite de seize figures in-18, de Courtin, 1832, épreuves avant la lettre dans la couverture de publication. — Suite de un portrait et six figures in-18, de Stalker. — Suite de huit figures in-8, gravées à l'eau-forte par Denon, d'après Fragonard, trente-et-une pièces.

Belles épreuves.

1195 — Don Quichotte. Suite de un portrait et dix figures in-12 à claire-voie, d'après Charlet.

Belles épreuves avant la lettre sur papier de Chine in-4.

1196 — Neuf pièces de la même collection.

Belles épreuves à l'eau-forte pure, marges in-4.

1197 — La même collection.

Epreuves avant et avec la lettre (5 exemplaires).

1198 — Don Quichotte. Suite de douze figures in-16 à claire-voie, d'après Deveria, pour l'édition Desoër.

Belles épreuves avant la lettre sur papier de Chine, marges grand in-8.

1199 — La même collection.

Epreuves avant la lettre sur papier de Chine, à laquelle en a joint six épreuves d'artiste avant toute lettre ou à l'eau-forte pure, 18 pièces, à toute marge.

1200 — Don Quichotte. Suite de quinze figures in-8, dessinées et gravées à l'eau-forte pas Georges Cruikshank, 1834.

Epreuves remargées.

1201 — Don Quichotte. Suite de huit figures in-8 sur acier et vingt-et-une figures sur bois, de Granville. Edition Mame, 1848, épreuves sur papier de Chine. — Suite de huit figures in-8 sur bois, d'après Staal. — Suite de trente-neuf figures in-8 sur bois, pour une édition espagnole, soixante-seize pièces.

Belles épreuves.

CERVANTÈS

1202 — Don Quichotte. Suite de seize figures in-18, de Courtin.
— Suite de vingt-cinq figures in-12, gravées sur bois, d'après
C. Nanteuil. — Huit figures in-8, de Granville. — Sept figures in-18, de Choquet. — Vingt-deux figures in-12, de Westall,
épreuves sur papier de Chine, en tout quatre-vingt-dix pièces.
> Belles épreuves.

1203 — Don Quichotte. Suite de un portrait et dix-sept figures
in-8, gravées à l'eau-forte par R. de Los Rios, d'après Worms,
pour l'Édition Jouaust.
> Belles épreuves avant la lettre, sur papier du Japon, in-4.

1204 — Don Quichotte. Suite de seize figures in-8, dessinées et
gravées à l'eau-forte par R. de Los Rios. Paris, Rouquette.
> Épreuves de graveur avant toute lettre et avec remarques, sur papier du Ja-
> pon in-4.

1205 — La même collection.
> Épreuves avant toute lettre, sur papier du Japon in-4.

1206 — Don Quichotte. Réunion de vingt-trois estampes, frontispices, lithographies par ou d'après Goya, Johannot, Decamps,
Boulanger, Wright, Bonington et autres.
> Belles épreuves, plusieurs sont avant la lettre.

1207 — Réunion de quatre-vingts vignettes in-12 et in-8, doubles
des collections précédentes et pour les Pèlerins du Nord.
> Belles épreuves, la plupart sont avant la lettre.

1208 — Réunion de trente-trois portraits, estampes, frontispices et
lithographies, extraits de diverses publications.
> Belles épreuves, plusieurs sont en couleur.

1209 — Réunion de neuf portraits in-8 et in-4.
> Belles épreuves avant la lettre.

CHANTS et CHANSONS POPULAIRES de la FRANCE

1210 — Réunion de cinquante-deux vignettes, publiées par Delloye
et de Gouet.
> Un frontispice est avant la lettre.

CHAPELAIN

1211 — La Pucelle ou la France délivrée. Suite de douze planches in-4, gravées par A. Bosse, d'après C. Vignon.

Épreuves à grandes marges.

CHATEAUBRIAND

1212 — OEuvres. Suite de neuf figures in-8, d'après Lebarbier, Chaudet, pour l'édition originale, publiée par Lenormand.

Epreuves en double état, avant et avec la lettre, dix-huit pièces.

1213 — La même collection.

Epreuves avant la lettre à laquelle on a joint quatre planches à l'eau-forte pure, treize pièces.

1214 — La même collection, réduite in-12, par C. Boily.

Belles épreuves avant la lettre, avec les feuilles de papier de soie imprimées.

1215 — OEuvres. Suite de quatorze fleurons de titres, dessinés et gravés à l'eau-forte, par Tony Johannot, édition Ladvocat.

Belles épreuves, tirages à part sur papier de Chine.

1216 — OEuvres. Suite de soixante-dix figures et portraits, pour l'édition Pourrat.

Epreuves à toute marge.

1217 — OEuvres. Suite de vingt-six fleurons de titres gravés sur bois, par Foussereau, pour l'édition Pourrat, 1836, quatre planches sont en tirages à part, trente pièces.

Belles épreuves.

1218 — OEuvres. Suite de un portrait et vingt-quatre figures in-8, d'Alfred et Tony Johannot, édition Furne.

Belles épreuves avant la lettre, sur papier de Chine, marges in-folio.

1219 — La même collection.

Epreuves avant la lettre, à toute marge.

1220 — La même collection.

Epreuves avec la lettre, à toute marge (Trois exemplaires).

1221 — Atala, René, le Dernier des Abencerages. Suite de trois figures in-8 de Deveria.

Epreuves avant la lettre.

CHATEAUBRIANT

1222 — Atala, René. Suite de quatre figures in-8, gravées par Burdet, d'après Alaux.

Epreuves en triple état, avant la lettre sur blanc et sur papier de Chine et avec la lettre.

1223 — La même collection.

Epreuves en double état, avant et avec la lettre.

1224 — Œuvres. Suite de quarante figures in-8, de Staal, édition Garnier.

Epreuves avant la lettre, sur papier de Chine.

1225 — Œuvres. Suite de trente-deux figures in-8, de Staal et Philippoteaux.

Epreuves à toute marge.

1226 — Œuvres. Vingt-cinq figures in-8, de Johannot, édition Furne. — Vingt figures in-8, de Staal, édition Philippart, quarante-cinq pièces.

Belles épreuves.

1227 — Œuvres et Mémoires d'Outretombe. — Suite de trente-sept figures grand in-8, de Staal.

Belles épreuves avant la lettre; sur papier de Chine, à toute marge.

1228 — Sujets historiques. Suite de dix figures in-8, gravées sur bois, d'après Célestin Nanteuil.

Epreuves sur papier de Chine.

1229 — Réunion de cent vingt portraits, vignettes et fleurons, dont un grand nombre pour Atala, René, et le Dernier des Abencerages.

Belles épreuves, la plupart sont avant la lettre.

CHAUSSARD

1230 — Fêtes et Courtisanes de la Grèce. Suite de quatre figures in-8 de Garneray.

Une pièce est en double, avant toute lettre, cinq pièces.

CHÉNIER (M. J.)

1231 — Charles IX. Suite de un portrait et trois figures in-8, de
Borel. — Une figure in-8 de Lebarbier, plus une épreuve
avant la lettre, sept pièces.

> Belles épreuves.

CHEVIGNÉ (Le comte de)

1232 — Les Contes rémois. Suite de quarante-et-une vignettes,
têtes de page, gravées sur bois, d'après Meissonier et Foulquier, édition M. Lévy, 1858.

> Belles épreuves sur papier de Chine. On y a joint les deux portraits de l'édi-
> tion, tirage sur papier rose, et deux autres portraits, ensemble quarante-cinq
> pièces.

CHODERLOS DE LACLOS

1233 — Les Liaisons dangereuses. Réunion de vingt-trois figures
in-12 et in-8, d'après Monnet, Pfitzer, Mlle Gérard et Desrais.

> Belles épreuves, plusieurs sont avant la lettre.

COLARDEAU

1234 — Le Temple de Gnide. Un frontispice et neuf vignettes, têtes
de page, par Clavareau. — Un portrait et sept figures in-8, de
Monnet (trois exemplaires). Planches séparées, en tout cinquante pièces.

> Belles épreuves.

1235 — Le Temple de Gnide. Un portrait in-4, gravé par Mme
Lingée, d'après Trinquesse, et sept figures in-4, d'après Peyron,
gravées par Chapuy.

> Belles épreuves, deux sont en couleur, marges.

1236 — OEuvres. Trois figures in-18, par Deveria. — Une gravure
in-32, par Desenne, seize pièces.

> Belles épreuves avant la lettre.

COLLÉ

1237 — Réunion de quinze figures in-12 et in-8, d'après Gravelot,
Larrien et autres, pour la Partie de chasse de Henri IV.

> Belles épreuves.

COLLIN D'HARLEVILLE

1238 — Suite de huit figures in-12 de Choquet.
Epreuves en triple état, avant et avec la lettre, vingt-quatre pièces.

CONTES DES GÉNIES (Les)

1239 — Suite de huit figures in-12 de Westall, dont deux fleurons de titres.
Belles épreuves avant la lettre, marges in-4.

CONTEURS (Les petits)

1240 — Suite de deux portraits différents de Voltaire et quarante-sept vignettes têtes de page, par Duplessis-Bertaux, réimpression de Lemonnyer.
Deux exemplaires, sur papier du Japon et sur Hollande.

1241 — La même collection.
Trois exemplaires sur papier de Chine.

CONTEURS DU XVIIIe SIÈCLE (Les petits)

1242 — Suite de douze albums d'eaux-fortes pour illustrer les conteurs, publiés par Quantin.
Epreuves en triple état sur papier du Japon, in-4 (N· V.)

1243 — Les douze mêmes collections.
Epreuves en double état (N· 57.)

1244 — Les douze mêmes collections.
Epreuves avec la lettre.

1245 — Six albums, doubles de la collection précédente.

COOPER (Fenimore)

1246 — Œuvres. Suite de vingt-sept fleurons de titres et vingt-sept figures, dessinés et gravés à l'eau-forte, par les frères Johannot, pour l'édition Ch. Gosselin, Mame et Delaunay-Vallée, 1829.
Superbes épreuves avant la lettre, sur papier de Chine, à toute marge.

1247 — La même collection, également avant la lettre.
Belles épreuves, marges in-4.

COOPER (Fenimore)

1248 — La même collection.

Epreuves avant la lettre, sur papier de Chine, dans les couvertures illustrées de publication.

1249 — Œuvres. Suite de un portrait et soixante figures in-8, de Johannot, édition Furne et Ch. Gosselin.

Epreuves à toute marge.

1250 — Œuvres. Suite un portrait et vingt-quatre figures in-8, de Johannot, édition Furne, 1831. — Suite de vingt-quatre fleurons de titres, gravés par Rouargue, édition Furne et Gosselin, 1839.

Quarante-neuf pièces à toute marge.

1251 — Œuvres. Suite de 20 fleurons de titres d'après Pickering et autres. Londres, 1834.

Belles épreuves.

1252 — Réunion de 62 portraits, vignettes et fleurons, doubles des collections précédentes.

Belles épreuves, la plupart sont avant la lettre à toute marge.

CORNEILLE (Pierre et Thomas)

1253 — Œuvres. Suite de 35 figures in-8, de Gravelot dont un portrait. Edition de 1764.

Belles épreuves.

1254 — La même collection, avec cadre varié autour de chaque estampe, pour l'édition in-4 de 1774.

Belles épreuves à toute marge.

1255 — La même collection.

Belles épreuves, marges in-4.

1256 — Œuvres. Suite de deux portraits par A. de Saint-Aubin et 24 figures in-8, de Moreau le jeune et Prudhon, pour l'édition de Renouard.

Belles épreuves avant la lettre, grandes marges.

1257 — La même collection.

Epreuves avec la lettre.

CORNEILLE (Pierre et Thomas)

1258 — Suite de deux portraits et 22 figures de la même collection.
Belles épreuves avant la lettre, grandes marges.

1259 — Vingt-et-une pièces avant la lettre de la même collection.
Quelques doubles.

1260 — Œuvres. Suite de deux portraits et 15 figures in-8, de Deveria, épreuves avant la lettre. — Suite de 12 figures in-8, de Bayalos, édition Furne, 27 pièces.
Belles épreuves.

1261 — Réunion de vingt-six portraits et frontispices.
Belles épreuves, plusieurs sont avant la lettre.

1262 — Réunion de cent vingt vignettes, doubles des collections précédentes et du XVII· siècle, on y a joint un dessin original.
Bonnes épreuves.

COTTIN (Madame)

1263 — Suite de vingt-cinq figures in-12, de Deveria.
Epreuves en double état, avant et avec la lettre, 50 pièces.

1264 — La même collection, épreuves avant la lettre. — Deux figures in-8, de Colin. — Deux figures in-18, de Desenne. — Deux fleurons de titres d'après Corboult. Ensemble 31 pièces avant la lettre.
Belles épreuves.

CRÉBILLON (Jolyot de)

1265 — Suite de un portrait et 9 figures in-8, de Marillier, 1785.
Belles épreuves avant la lettre, petites marges,

1266 — Six pièces de la même collection.
Tres belles épreuves avant toute lettre.

1267 — La même collection.
Epreuves avec la lettre (3 exemplaires).

1268 — Suite de un portrait par A. de Saint-Aubin, et 9 figures in-8, de Moreau le jeune, édition de Renouard 1818.
Belles épreuves avant la lettre, marges in-4.

CRÉBILLON (Jolyot de)

1269 — La même collection.

Épreuves avant la lettre, marges in-8.

1270 — La même collection.

Épreuves avec la lettre, à toute marge, (2 exemplaires).

1271 — Neuf planches, doubles de la même collection.

Épreuves avant la lettre, à grandes marges.

1272 — Suite de un portrait et 9 figures in-18 de Monnet.

Belles épreuves avant la lettre (2 exemplaires).

1273 — Suite de un portrait frontispice et neuf figures in-8, de
Peyron, an VII.

Belles épreuves avant la lettre, plus une planche à l'eau-forte pure, onze
pièces.

1274 — La même collection.

Épreuves avant la lettre, (deux exemplaires).

1275 — Suite de un portrait et neuf figures in-18, de Deveria,
épreuves du premier état avant toute lettre. — Suite de sept
figures in-8 de Deveria, épreuves en double état, avant et avec
la lettre, 24 pièces.

Épreuves à toute marge.

1276 — Réunion de 38 portraits et planches séparées des collections précédentes.

Belles épreuves, plusieurs sont avant la lettre et à toute marge.

CRÉBILLON le fils

1277 — Le Sopha, trois figures in-18 et in-8, d'après Cochin et Eisen. — Suite de six figures in-8 de Milius, épreuves à l'eau-
forte pure, 9 pièces.

Belles épreuves.

DELAVIGNE (Casimir)

1278 — OEuvres. Réunion de trente-quatre figures et fleurons de
titre in-8, d'après Deveria. *Paris, Ladvocat,* 1823-1824.

Épreuves avant la lettre et à l'eau-forte pure, à toute marge.

DELAVIGNE (Casimir)

1279 — OEuvres. Suite de un portrait et douze figures in-8, de
Tony Johannot, publiées par Furne (trois exemplaires).
Epreuves du premier tirage, grandes marges.

1280 — Onze planches doubles de la même collection, épreuves
avant la lettre sur papier de Chine et deux eaux-fortes pures,
treize pièces.
Belles épreuves.

1281 — OEuvres. Environ cent figures et fleurons de titres, d'après
Devéria, Johannot et autres.
Belles épreuves, la plupart avant la lettre, ou à l'eau-forte pure.

DELILLE (Jacques)

1282 — OEuvres. Suite de seize fleurons de titres, gravés sur bois
par Thompson, d'après Desenne, épreuves sur Chine volant et
dix-huit figures in-8, d'après Moreau, Desenne, Deveria, Gérard et Girodet, édition Michaud, 1824 (deux exemplaires).
Belles épreuves avant la lettre sur papier de Chine à toute marge.

1283 — OEuvres. Suite de un portrait et vingt-deux figures in-18,
gravées par Dutillois et autres (trois exemplaires) soixante-huit
pièces.
Epreuves avant la lettre.

1284 — OEuvres. Réunion de trente-cinq figures et portraits in-8,
d'après Alfred et Tony Johannot. *Paris, Furne* 1833.
Belles épreuves, la plupart avant la lettre sur papier de Chine.

1285 — OEuvres. Réunion de cent soixante-huit figures in-12 et
in-8, d'après Johannot, Deveria, Myris, Moreau, Monsiau et
autres.
Belles épreuves, la plupart sont avant la lettre, toute marge.

1286 — L'Imagination. — La Pitié. Réunion de trente-deux figures
in-8 et in-18, d'après Guérin, Myris, Monsiau et autres.
Belles épreuves, la plupart sont avant la lettre, et à l'eau-forte pure.

DELILLE (Jacques)

1287 — L'homme des champs. — Les trois règnes de la nature. Réunion de quarante-sept figures in-8 et in-4, d'après Catel, Moreau le Jeune, Monsiau et autres.

Belles épreuves, la plupart sont avant la lettre, à toute marge.

1288 — Les Jardins. Réunion de 22 figures in-18 et in-8, d'après Allom, Hill, Wash, etc.

Epreuves avant la lettre, toute marge

DELISLE DE SALES

1289 — Philosophie du Bonheur. Suite de un portrait, gravé par Duflos et quatre figures in-8, d'après Mongin, 1800.

Belles épreuves, deux sont avant la lettre.

DEMOUSTIER

1290 — Lettres à Emilie sur la mythologie. Suite de vingt-huit figures in-8 de Monnet. *Paris, Dufart*, 1801.

Belles épreuves avant la lettre, grandes marges.

1291 — Lettres à Emilie sur la mythologie. Suite de un portrait, gravé par Tardieu, et trente-six figures in-8, de Moreau le Jeune, *Paris, Renouard*, 1809.

Très belles épreuves avant la lettre, marges in-4. Le portrait est en double état, trente-huit pièces.

1292 — La même collection,

Très belles épreuves avant la lettre, à toute marge.

1293 — La même collection.

Belles épreuves avec la lettre, à toute marge.

1294 — La même collection.

Epreuves avec la lettre, marges in-8. (Le portrait manque).

1295 — Vingt-cinq planches doubles.

Belles épreuves avant la lettre et à l'eau-forte pure.

1296 — Lettres à Emilie sur la mythologie. Réunion de quarante-cinq figures in-18, de Desenne, publiées dans la Bibliothèque française.

Epreuves ayant et avec la lettre, plusieurs sont à l'eau-forte pure.

DEMOUSTIER

1297 — Lettres à Emilie sur la mythologie. Réunion de cent vingt-huit figures in-18 et in-8, d'après Moreau, Desenne, Monnet, Queverdo et autres.

Belles épreuves, plusieurs sont avant la lettre.

DESHOULIÈRES (Mme)

1298 — Lettres. Suite de quatre figures in-12, par Catel. — Suite de cinq figures in-18, publiées par Lefuel, plusieurs collections, ensemble vingt-six pièces.

Belles épreuves, plusieurs sont avant la lettre.

DESTOUCHES

1299 — Suite de un portrait et neuf figures in-8, d'après Fragonard fils.

Superbes épreuves, à l'eau-forte pure, marges in-4, rare.

1300 — Suite de douze figures in-8, de Lafitte, dont un portrait gravé par Macret. *Paris, Crapelet*, 1822. — Neuf planches avant la lettre, ensemble vingt et une pièces.

Belles épreuves, à toute marge.

1301 — Planches doubles de la collection précédente, quarante-trois pièces.

Belles épreuves.

1302 — Œuvres. Suite de un portrait et dix figures in-18 de Duvivier, publiés dans la Bibliothèque française.

Epreuves en double état, eaux-fortes pures et avant la letttre, à toute marge.

DIDEROT

1303 — La Religieuse. Suite de un portrait, gravé par Dupréel et quatre figures in-8, de Lebarbier. *Paris, Maradan*, 1798.

Belles épreuves avant la lettre, à toute marge (une planche est plus courte).

1304 — La même collection.

Epreuves avant la lettre, marges in-8

1305 — La même collection.

Epreuves avec la lettre, grandes marges.

DIDEROT

1306 — La Religieuse. Réunion de quinze figures in-8, d'après Chaillou, Queverdo, Bovinet et autres.

Belles épreuves, plusieurs sont avant la lettre.

1307 — Les Bijoux indiscrets. Suite de sept figures in-12, non signées, pour l'édition de 1748.

Belles épreuves, petites marges.

DIONIS DU SÉJOUR (Mlle

1308 — L'origine des Grâces. Quatre figures in-8, d'après Cochin, épreuves anciennes. Suite de un titre et six figures du même. *Paris, chez Lemonnyer*, 1884, onze pièces.

Bonnes épreuves

DIVERS

1309 — Histoire des jésuites. Vingt figures in-8, d'après Tony Johannot et autres. — Les Causes célèbres. Suite de trente figures in-8, par Marck. — Histoire de Napoléon III. Suite de quatorze figures in-8, d'après Philippoteaux — Histoire d'Angleterre, suite de douze figures in-8, d'après Monnet, ensemble soixante-seize pièces.

Epreuves à toute marge.

1310 — Histoire des Papes. Suite de cinquante figures in-8, non signées.

Epreuves à toute marge.

1311 — La même collection.

Très belles épreuves avant la lettre, sur papier de Chine, marges in-4.

DORAT

1312 — Les Baisers. Suite de quarante-cinq vignettes, d'après Eisen. *Paris, Cahen*, 1880.

Epreuves sur papier du Japon.

1313 — La même collection.

Epreuves sur papier de Hollande.

DORAT

1314 — Les fables. Tome II, contenant cent vignettes, d'après Marillier, cartonné.

     Belles épreuves.

DUCIS

1315. — OEuvres. Suite de dix figures in-8, d'après Desenne et Colin. — Quatre figures in-8, pour la Vie du Tasse. — Pièces diverses, ensemble cinquante-huit pièces.

     Belles épreuves, la plupart sont avant la lettre.

DULAURENS

1316 — Suite de douze figures in-12, gravées par Frussotte, 1792, pour le Compère Mathieu.

     Epreuves à grandes marges

DUMAS (Alexandre)

1317 — OEuvres. Suite de quarante-quatre figures in-8, gravées d'après Philippoteaux. — Huit figures in-12, gravées au trait, pour Richard d'Arlington, cinquante-quatre pièces.

     Belles épreuves.

DUMAS fils (Alexandre)

1318 — La Dame aux Camélias. Suite de un portrait et dix figures in-8, dessinées et gravées à l'eau-forte, par R. de Los Rios.

     Epreuves avant la lettre, sur papier du Japon.

1319 — La Dame aux Camélias. Suite de douze figures in-4, gravées sur bois, d'après A. de Neuville.

     Epreuves sur papier de Chine volant.

DUPATY

1320 — Lettres sur l'Italie en 1785. Suite de six figures in-8, d'Adam. — Suite de huit figures in-12, de Duvivier (quatre exemplaires).

     Belles épreuves avant la lettre, et à l'eau-forte pure.

EDGEWORTH

1321 — Douze fleurons, dessinés et gravés par Alfred et Tony Johannot.

Belles épreuves avant la lettre, sur papier de Chine.

ERASME

1322 — Réunion de vingt-deux figures in-8, d'après Eisen.

Belles épreuves.

FAVRE

1323 — Les Quatre heures de la Toilette des dames. Dix planches, reproduction de Lemonnyer.

Deux exemplaires.

FÉNÉLON

1324 — Les Aventures de Télémaque. Réunion de quarante-quatre figures in-4, par Debrie, Dubourg et Picart, 1734.

Belles épreuves, dont neuf avant la lettre, très rare.

1325 — Les Aventures de Télémaque. Réunion de cent quinze figures in-4, et titres d'après Monnet, gravés par Tilliard, 1773.

Belles épreuves, la plupart à toute marge.

1326 — Les Aventures de Télémaque. Suite de un portrait et vingt-quatre figures in-4, non signées (Monnet).

Epreuves avec marges.

1327 — Les Aventures de Télémaque. Suite de un frontispice et vingt-quatre figures de Moitte, gravées au lavis et coloriées par Parisot, 1786.

Superbes épreuves, grandes marges.

1328 — Les Aventures de Télémaque. Suite de un portrait et vingt-quatre figures in-18, de Lefèvre, *Paris, Didot*, 1796.

Belles épreuves avant la lettre, grandes marges.

1329 — La même collection.

Epreuves avant la lettre, à toute marge (deux exemplaires), les portraits manquent, ensemble quarante-huit pièces.

FÉNÉLON

1330 — La même collection.

Epreuves en double état, avant et avec la lettre, grandes marges, cinquante-et-une pièces.

1331 — Les Aventures de Télémaque. Suite de un portrait, gravé par Gaucher et vingt-quatre figures in-8 de Queverdo. *Paris, Didot,* 1796.

Belles épreuves avant la lettre, marges grand in-18.

1332 — La même collection.

Epreuves en double état, avant la lettre avec entourage, et avec la lettre, quarante-huit pièces, à toute marge.

1333 — Les Aventures de Télémaque. Suite de un portrait, gravé par Hubert, et vingt-quatre figures in-8, de Marillier. *Paris, Deterville,* 1796.

Belles épreuves avant la lettre, grandes marges.

1334 — Un portrait et vingt-et-une planches, doubles des précédentes.

Epreuves avant la lettre à toute marge.

1335 — Les Aventures de Télémaque. Suite de vingt-cinq figures in-8, de Moreau le Jeune, édition de Renouard.

Epreuves avant la lettre sur papier de Chine.

1336 — La même collection.

Epreuves avec la lettre, à toute marge (six exemplaires).

1337 — Les Aventures de Télémaque. Suite de un portrait gravé par Leroux, et vingt-quatre figures in-8, par Manceau.

Quatre exemplaires.

1338 — Les Aventures de Télémaque. Dix-huit figures in-8, héliogravures de Dubouchet. — Vingt-huit figures in-18, gravées sur bois, par Budzilowicz. — Vingt-quatre figures in-18, non signées, — Trente figures in-18, d'après Monnet, — Huit figures in-18, de Deveria. Ensemble quatre-vingt-dix-sept pièces.

Belles épreuves, plusieurs sont avant la lettre.

FÉNÉLON

1339 — Les Aventures de Télémaque. Suite de vingt-quatre figures in-18, non signées, genre de Queverdo.

Trois exemplaires.

1340 — Les Aventures de Télémaque. Réunion de cent soixante-neuf figures in-18 et in-8, d'après Moreau, Marillier, Queverdo, Lefèvre, Manceau, Deveria et autres.

Belles épreuves, plusieurs sont avant la lettre.

1341 — Réunion de vingt-deux portraits différents, in-18 et in-8.

Belles épreuves, plusieurs sont avant la lettre.

FEYDEAU (E.)

1342 — Souvenirs d'une Cocodette. Suite de un frontispice et dix figures in-8, dessinés et gravés à l'eau-forte, par Chauvet.

Deux exemplaires avant la lettre, tirage en noir et à la sanguine.

FIELDING

1333 — Tom Jones. Suite de neuf figures in-8, de Borel, tirées des romans de Laplace. *Paris, Cussac*, 1780.

Épreuves à toute marge (deux exemplaires).

1344 — Sept planches doubles.

Superbes épreuves avant la lettre, dont une à l'eau-forte pure.

1345 — Tom Jones. Suite de neuf figures in-18 de Borel, gravées par Delignon. *Paris, Imbert*, 1801.

Très belles épreuves avant la lettre, à toute marge, une planche est double, à l'eau-forte pure, dix pièces.

1346 — La même collection.

Belles épreuves avant la lettre, à toute marge.

1347 — Huit planches doubles, de la collection précédente.

Belles épreuves avant la lettre, grandes marges.

1348 — Tom Jones. Suite de douze figures in-8, de Moreau le Jeune. *Paris, Didot*, 1833.

Belles épreuves avant la lettre, à toute marge.

FIELDING

1349 — La même collection.

Epreuves avec la lettre sur papier de Chine.

1350 — Trois planches doubles, gravées par des artistes différents.

Epreuves en double état, eaux-fortes pures et avant la lettre.

1351 — Tom Jones. Suite de deux fleurons de titres, gravés par Rouargue, et quatre figures in-8, de Johannot. *Paris, Furne,* 1836.

Superbes épreuves avant la lettre, trois planches sont doubles à l'eau-forte pure, grandes marges.

1352 — La même collection.

Epreuves avant la lettre (deux pièces ont la légende).

1353 — La même collection.

Epreuves avec la lettre, marges in-4.

1354 — La même collection.

Epreuves avec la lettre, sur blanc et sur papier de Chine.

1355 — Tom Jones. Suite de quatre figures in-8, gravées par Vallot, 1850, d'après Tony Johannot.

Superbes épreuves en double état, eaux-fortes pures et avant la lettre, marges in-folio, rare.

1356 — Tom Jones. Quatre figures in-18, d'après Uwins. — Douze figures in-8, d'après Stothart. — Onze figures in-12, d'après Corbould, ensemble vingt-sept pièces.

Belles épreuves.

1357 — Tom Jones. Réunion de quarante-six figures in-8, d'après Gravelot, Borel, Johannot et autres.

Belles épreuves.

FLAUBERT (G.)

1358 — Madame Bovary. Suite de sept figures in-18, dessinées et gravées à l'eau-forte, par Boilvin. *Paris, Lemerre,* 1878.

Epreuves à toute marge.

FLAUBERT (G.)

1359 — La même collection.

Belles épreuves avant la lettre, sur papier de Chine, marges grand in-8.

1360 — Madame Bovary. Frontispice in-8, par Cuisinier.

Belle épreuve sur papier de Chine, à toute marge.

1361 — Salambo. Suite de huit figures in-18, dessinées et gravées par P. Vidal.

Epreuves avant la lettre sur papier du Japon.

FLORIAN

1362 — OEuvres. Suite de deux portraits et quarante figures in-8, d'après Marillier, Lebarbier, Monsiau et autres.

Très belles épreuves avant la lettre, marges in-4, six planches sont doubles en épreuves d'artiste ou à l'eau forte pure.

1363 — Planches doubles, cent trente-six pièces.

Epreuves avant et avec la lettre, la plupart à toute marge.

1364 — OEuvres. Suite de quatre-vingts figures in-18, dont deux portraits, d'après Flouest et Queverdo. *Paris, Guilleminet,* 1784-1799.

Epreuves à toute marge.

1365 — Quatre-vingt-seize planches doubles, de la collection précédente.

Très belles épreuves, marges grand in-8.

1366 — OEuvres. Suite de quatre-vingt figures in-12, d'après les dessins de Desenne, *Paris, Renouard,* 1820.

Belles épreuves avant la lettre sur papier de Chine, marges grand in-8. (Les seize planches pour Don Quichotte sont remargées.)

1367 — Cinquante-six planches de la même collection.

Très belles épreuves à l'eau-forte pure, marges grand in-8.

1368 — OEuvres. Suite de deux portraits et quatre-vingts figures in-18, de Desenne, *Paris, Ladrange,* 1829.

Belles épreuves avant la lettre, grandes marges, reliées en un volume, dem. rel. maroq. bleu avec coins, tr. d. n. rog.

FLORIAN

1369 — Galatée. Suite de six figures in-18, de Lebarbier, *Paris.
Didot, an VII.*
Belles épreuves en double état, avant et avec la lettre, deux planches sont
doubles; quatorze pièces.

1370 — Trente-sept planches doubles.
Epreuves avant et avec la lettre.

1371 — Fables. Réunion de cinquante-sept figures in-18 et in-8
d'après Choquet, Flouest et Granville.
Belles épreuves, douze sont avant la lettre et à l'eau-forte pure.

1372 — Fables. Suite de douze figures in-18, têtes de page dont un
portrait, d'après les dessins de Moreau le Jeune, *Paris, Rou-
quelle.*
Epreuves en double état, eaux-fortes pures et avant la lettre sur papier du
Japon.

1373 — La même collection.
Epreuves avant la lettre sur papier de Hollande.

1374 — OEuvres. Réunion de deux cent trente-huit portraits et
figures in-18 et in-8, d'après Queverdo, Lebarbier, Flouest,
Choquet et autres,
Belles épreuves, plusieurs sont avant la lettre et à l'eau-forte pure.

FOÉ (Daniel de)

1375 — Robinson Crusoé. Suite de quatorze figures in-12, d'après
Corboult, *Cooke, 1792.*
Belles épreuves remargées, grand in-8.

1376 — Robinson Crusoé. Suite de un portrait, trois titres et dix-
huit figures in-8, de Stothart et Duvivier. *Paris, Verdière,
1800.*
Belles épreuves à toute marge.

1377 — La même collection de un portrait et quinze figures, de
Stothart.
Très belles épreuves avant la lettre, marges in-4.

FOÉ (Daniel de)

1378 — La même collection.

> Epreuves avec la lettre, plus quatorze planches avant la lettre, ensemble trente-trois pièces.

1379 — Robinson Crusoé. Suite de six figures in-8, de Deveria. *Paris, Crevot*, 1825.

> Belles épreuves avant la lettre, sur papier de Chine in-4, quatre planches sont doubles à l'eau-forte pure, dix pièces.

1380 — La même collection.

> Quatre exemplaires avant et avec la lettre, grandes marges.

1381 — Robinson Crusoé. Suite de quarante figures in-8, gravés sur bois, d'après Granville.

> Epreuves sur papier de Chine, a toute marge.

1382 — Robinson Crusoé. Trois figures in-18 travers, d'après Wallier. — Dix figures in-18, édition de Cooke. — Douze figures in-18, par Chaillou. — Quatre eaux-fortes in-12, d'après Stothart. — Vingt figures in-12, gravées sur bois par Trichon, (deux exemplaires). Ensemble soixante-six pièces.

> Belles épreuves.

1383 — Robinson Crusoé. Suite de un portrait et huit figures in-12, dessinés et gravés à l'eau-forte, par Mouilleron. *Paris, Jouaust.*

> Epreuves avant la lettre, sur papier de Chine volant.

1384 — Robinson Crusoé. Réunion de quatre-vingt-quatre figures in-18 et in-8, d'après Deveria, B. Picart, Marckl et autres, dont plusieurs dessins à la sépia.

> Plusieurs pièces sont avant la lettre, ou à l'eau-forte pure.

GALIBERT

1385 — Histoire de l'Algérie ancienne et moderne. — L'Afrique Française. Réunion de soixante-quinze figures in-8. *Paris, Furne*, 1843.

> Epreuves du premier tirage.

GALLAND

1386 — Les 1001 Nuits. Suite de vingt-quatre figures in-8, de Smirke. *Londres, W. Miller,* 1802.

Belles épreuves, grandes marges.

1387 — Les 1001 Nuits. Suite de vingt-et-une figures in-8, de Chasselat. *Paris, Colin de Plancy,* 1822.

Deux exemplaires avant la lettre, sur blanc et sur papier de Chine, grand in-8.

1388 — Les 1001 Nuits. Suite de six figures in-12, d'après Westall. *Paris, Galliot,* 1822-1825.

Belles épreuves avant la lettre, sur papier de Chine, à toute marge.

1389 — Les 1001 Nuits. Réunion de cent-quatre-vingts figures in-12 et in-8, d'après Raffet, Marckl, Chasselat, Devéria, Gavarni, Courtin et autres, dont trois dessins originaux à la sépia.

Belles épreuves, plusieurs sont avant la lettre, sur papier de Chine.

GAUTIER (Th.)

1390 — Mademoiselle de Maupin. Suite de un titre, cinq portraits et dix-huit compositions in-8, gravés à l'eau-forte, par Champollion, d'après G. Toudouze. *Paris, Conquet.*

Epreuves en double état, eaux-fortes pures sur papier du Japon, et avant la lettre sur papier de Hollande, quarante-huit pièces.

GENLIS (Mme de)

1391 — Mademoiselle de Clermont et autres œuvres. Réunion de quarante figures in-18 et in-12, d'après Desenne, Challiou, Bornet, Mirys, Uwins et autres.

Belles épreuves, la plupart sont avant la lettre ou à l'eau-forte pure, à toute marge.

GÉRARD (l'abbé)

1392 — Le comte de Valmont, suite de six figures in-8, de Moreau le jeune. *Paris, Bossange,* 1807.

Trois exemplaires et planches séparées, ensemble 32 pièces.

GESSNER (Salomon)

1393 — Œuvres. Réunion de vingt-sept figures in-18, de Marillier, pour les éditions de *Cazin,* 1778 et 1782.

Très belles épreuves, plusieurs sont à toute marge.

GESSNER (Salomon)

1394 — Œuvres. Suite de trois portraits et quarante-huit figures in-8, de Moreau le jeune. *Paris, Renouard,* 1799.

Très belles épreuves avant la lettre, à toute marge.

1395 — Trente-huit planches doubles.

Très belles épreuves à l'eau-forte pure, marges.

1396 — La même collection.

Épreuves avec la lettre, marges in-4.

1397 — La même collection.

Deux exemplaires avec la lettre, marges in-4 et in-8.

1398 — Œuvres. Suite de vingt-sept figures in-8, de Monnet. *Paris, Dufart,* s. d.

Très belles épreuves avant la lettre, grandes marges.

1399 — La même collection.

Épreuves avant la lettre, marges.

1400 — Œuvres. Suite de un portrait et quatorze figures in-12, de Binet. *Paris, Patris et Gibert,* 1801.

Belles épreuves avant la lettre, grandes marges. On y a joint deux planches du même artiste, pour Éraste, 17 pièces.

1401 — Œuvres. Réunion de cent trente-six figures in-8 et in-4, d'après Moreau, Monnet et Lebarbier.

Belles épreuves, plusieurs sont avant la lettre.

GILBERT

1402 — Œuvres. Treize figures in-18 et in-8, d'après Desenne.

Belles épreuves avant la lettre et à l'eau-forte pure, à toute marge.

GODARD D'AUCOURT

1403 — Lettres Turques. Cinq figures in-12, d'après Clavareau et Queverdo.

Belles épreuves avec marges.

GŒTHE

1404 — OEuvres. Réunion de quarante-trois figures et portraits, par ou d'après Chodowiecky, Johannot, Smirke, Ary Scheffer, etc.

Belles épreuves, plusieurs sont avant la lettre.

1405 — Faust. Suite de 10 figures in-8, dont un portrait d'après Tony Johannot.

Epreuves sur papier de Chine.

1406 — Werther. Suite de quatre figures in-18, de Berthon, gravées par Duplessis Bertaux. Edition de 1797.

Epreuves avant les numéros, grandes marges.

1407 — Werther. Suite de trois figures in-8, de Moreau le jeune. Edition de 1809.

Epreuves avant la lettre, marges in-4.

1408 — Werther. Suite de 10 figures in-8, de Tony Johannot.

Epreuves du premier état sur papier de Chine, à toute marge.

1409 — La même collection.

Epreuves du deuxième tirage sur papier de Chine, une planche est double avant toute lettre.

1410 — Werther. Suite de quatre figures in-8, de Tony Johannot. Edition de 1845.

Epreuves avant la lettre sur papier de Chine, à toute marge.

1411 — La même collection.

Epreuves avant la lettre; sur blanc, à toute marge (deux exemplaires).

GOLDSMITH

1412 — The vicar of Wakefield. Suite de six figures in-18, non signées. *Paris, Renouard*, 1800.

Belles épreuves avant la lettre, à toute marge.

1413 — The vicar of Wakefield. Suite de cinq figures in-18, de Westall 1829. — Suite de dix figures in-12, de Corboult. — Suite de deux figures in-18, de Stothart, ensemble 9 pièces.

Belles épreuves.

GOLDSMITH

1414 — Le vicaire de Wakefield. Suite de dix figures in-8, de Johannot, *Paris, Bourgueleret*, 1838.

Epreuves du premier tirage, avant la lettre, à toute marge.

1415 — La même collection.

Même état, et réimpression de Furne, vingt pièces, à toute marge.

1416 — Suite de douze figures in-12, gravées par Sangster pour le vicaire de Wakefield, Londres, Riméll et fils.

Belles épreuves avant la lettre, sur papier de Chine, marges in-folio.

1417 — Le vicaire de Wakefield. Réunion de vingt-neuf figures in-18 et in-8, d'après Johannot et autres

Belles épreuves, plusieurs sont avant la lettre.

1418 — Love for Love. Suite de six figures in-8, de Smirke. Londres, Cooke, 1806.

Superbes épreuves avant la lettre, sur papier de Chine, marge in-4, rare.

GRAFFIGNY (Mme de)

1419 — Lettres d'une Péruvienne. Suite de un portrait, gravé par De Launay et huit figures in-18, de Lefèvre. *Paris, Didot*, 1797.

Très belles épreuves avant la lettre, à toute marge.

1420 — Deux portraits et cinq pièces de la même collection.

Epreuves avant la lettre et à l'eau-forte pure, grandes marges.

1421 — Lettres d'une Péruvienne. Vingt-trois figures in-8, d'après Le Barbier. *Paris, Migneret*, 1797.

Epreuves avant et avec la lettre, grandes marges.

1422 — Lettres d'une Péruvienne. Deux figures in-8, de Desenne, *Edition Werdet*, épreuves en triple état. — Quatre figures in-18, de Deveria, publiées dans la Bibliothèque française (trois exemplaires).—Quatre figures in-12, d'après Corboult et autres, publiées par *Cooke*, 1795, ensemble trente pièces.

Belles épreuves.

GRÉCOURT

1123. — OEuvres. Suite de un portrait et huit figures in-8, d'après Fragonard fils. *Paris*, Chaigneau ainé, 1796.
Très belles épreuves avant la lettre, à toute marge.

1124 — OEuvres. Réunion de vingt-deux figures in-18 et in-8, d'après Marillier, Fragonard fils, Eisen et autres, dont deux dessins originaux à la sépia.
Belles épreuves, la plupart sont avant la lettre ou à l'eau-forte pure.

GRESSET

1425 — OEuvres. Suite de un portrait et six figures in-18, de Moreau le jeune. *Paris, Saugrain*, 1794.
Belles épreuves, à toute marge.

1426 — La même collection.
Epreuves à grandes marges.

1427 — OEuvres. Suite de un portrait, gravé par A. de Saint-Aubin, et huit figures in-8, de Moreau le jeune. *Paris, Renouard*, 1811.
Belles épreuves avant la lettre, marges in-8.

1428 — Un portrait et cinq figures de la même collection.
Belles épreuves avant la lettre, à toute marge.

1429 — OEuvres. Suite de un portrait et six figures in-8, attribués à Monnet. — Un portrait et six figures, de Moreau, tirage de Furne. — Un portrait et huit figures in-18, gravées à l'eau-forte, par Guillaumot (deux exemplaires), ensemble trente-trois pièces.
Epreuves à toute marge.

1430 — OEuvres. Réunion de trente-six figures et portraits in-18 et in-8, d'après Moreau, Monnet et autres.
Belles épreuves, plusieurs sont avant la lettre ou à l'eau-forte pure.

1431 — Vert-Vert. Figure in-8, de Desenne, gravée par Roger. *Paris, Janet* et *Cotelle*, 1823.
Trois épreuves avant la lettre, à toute marge.

GUSTAVE III

1432 — Œuvres. Cinq figures in-8, d'après Hjelm et Limmell.

Deux épreuves sont avant la lettre.

HALÉVY (Ludovic)

1433 — Suite de un frontispice et huit vignettes dessinées par E. Mas et gravées par J. Massard, pour Madame, Monsieur et les petites Cardinal. *Paris, Conquet*, 1883.

Epreuves avant la lettre sur papier de Hollande (2 exemplaires).

HAMILTON

1434 — Œuvres. Suite de huit portraits gravés par Aug. de Saint-Aubin et quatre figures in-8, de Moreau le jeune. *Paris, Renouard*, 1812.

Belles épreuves, tirées sur papier rose, à toute marge (une est sur papier de Chine).

1435 — Contes. Suite de quatre figures in-8, de Moreau le jeune. *Paris, Renouard*, 1812.

Très belles épreuves en double état, avant et avec la lettre; grandes marges.

1436 — La même collection.

Epreuves avec la lettre (6 exemplaires).

1437 — Mémoires du comte de Grammont. Réunion de trente-trois figures in-18, de Desenne et Choquet.

Epreuves avant la lettre, plusieurs sont à l'eau-forte pure.

1438 — Œuvres. Réunion de dix-neuf portraits et figures in-8, par A. de Saint-Aubin, Moreau le jeune et Desenne.

Belles épreuves, plusieurs sont avant la lettre.

HERVEY, HOPE, RAMLER

1439 — Réunion de vingt-et-une figures in-18 et in-8, gravées par les meilleures artistes anglais pour leurs œuvres.

Belles épreuves à grandes marges.

HÉNAULT (Le Président)

1440 — Abrégé chronologique de l'histoire de France. Réunion de soixante-quinze portraits avec sujets, d'après les dessins de Cochin, 1767.

Belles épreuves à toute marge.

HISTOIRE ROMAINE

1441 — Réunion de vingt-et-une figures in-8 et in-4, d'après Myris, Gravelot, Eisen, A. de Saint-Aubin, etc.
Belles épreuves, la plupart sont avant la lettre.

1442 — Suite de dix planches in-4, dessinées par C. N. Cochin, 1779, d'après les maîtres anciens.
Epreuves à toute marge.

1443 — La même collection.
Superbes épreuves à l'eau-forte pure, à toute marge.

HOMÈRE

1444 — L'Iliade. Suite de un portrait frontispice et vingt-quatre figures in-8, d'après Marillier. *Paris, Didot* 1786.
Superbes épreuves avant la lettre, marges in-4.

1445 — L'Iliade. Réunion de quatre-vingt-dix figures in-8, d'après Cochin, Marillier et autres.
Belles épreuves la plupart sont avant la lettre, grandes marges.

HUGO (Victor)

1446 — Œuvres. Suite de trente-cinq figures in-8, d'après Tory, Johannot, Raffet, Boulanger et autres. *Paris, Renduel.*
Epreuves du 1er tirage, remargées à chassis.

1447 — Œuvres. Réunion de cent soixante-sept figures in-8 et in-4 pour les différentes éditions.
Plusieurs épreuves sont sur papier de Chine.

1448 — Les odes. Deux figures in-12, d'après Devéria, épreuves avant et avec la lettre. — Marion Delorme, huit figures in-18, gravées au trait par Branche. Ensemble 15 pièces.
Belles épreuves.

1449 — Notre-Dame de Paris, figure in-8, gravée à l'eau-forte par Tony Johannot, épreuve avant la lettre sur papier de Chine. — Suite de douze figures in-8, pour l'édition de Renduel 1836. — Lithographiés in-4, d'après Johannot. — Vue de Paris, cinq épreuves avant la lettre sur papier de Chine. — Couvertures. Ensemble 24 pièces.
Belles épreuves.

HUGO (Victor)

1450 — Hernani. Suite de un portrait et de quinze figures, en-têtes et culs-de-lampe, gravés à l'eau-forte par Boisson, d'après Michelema. *Paris, Conquet.*

Épreuves avant la lettre sur papier vélin du marais.

1451 — Portraits, menus, programmes, sujets divers, 10 pièces.

Belles épreuves.

IMBERT

1452 — Réunion de trente-deux vignettes, pour le Jugement de Pâris. — Les Egarements de l'Amour. — Les Bienfaits du Sommeil.

Belles épreuves.

IMITATION DE JÉSUS-CHRIST

1453 — Réunion d'environ quarante planches in-8, d'après Prudhon, Johannot et autres, pour l'Imitation et les Saints Évangiles.

Belles épreuves.

JANIN (Jules)

1454 — L'Ane mort, et la Femme guillotinée, deux figures in-18, gravées par Alfred Johannot. — Vingt-trois figures in-8, gravées sur bois, d'après Johannot. Ensemble 25 pièces.

Belles épreuves.

JAUFFRET

1455 — Les charmes de l'Enfance. Suite de quatre figures in-18, de Monnet, gravées par Huot.

Épreuves avant la lettre.

1456 — Réunion de quatorze figures in-18, d'après Queverdo, Monnet et Chasselat.

Belles épreuves, plusieurs sont avant la lettre, ou à l'eau-forte pure.

1457 — Les charmes de l'Enfance. Suite de cinq figures in-18 de Monnet. Edition de 1796.

Épreuves avant la lettre, à toute marge.

1458 — Quatre planches doubles.

Belles épreuves à l'eau-forte pure.

JOHNSON

1459 — Rasselas. Suite de cinq figures in-4, de Smirke, épreuves avant la lettre sur papier de Chine. — Quatre figures in-18 de Westall. — Deux figures in-12, de Singleton, onze pièces.

> Très belles épreuves à toute marge.

JOUY (de)

1460 — Œuvres. Réunion de soixante-seize figures et portraits in-8, d'après les dessins de Desenne, Deveria et autres.

> Belles épreuves, la plupart sont avant la lettre et à l'eau-forte pure.

KEAPSAKES

1461 — Réunion de cent trois vignettes, la plupart avant la lettre, sur papier de Chine.

> Belles épreuves.

KOCK (Paul de)

1462 — Œuvres. Deux portraits et vingt-six figures in-18, de Raffet.

> Belles épreuves.

LABORDE (J. B. de)

1463 — Choix de chansons. Collection de cent gravures, reproduites par Lemonnyer.

> Epreuves sur papier du Japon, on y a joint une épreuve de portrait « à la Lyre », imprimé sur satin.

1464 — Vingt-deux vignettes, de Moreau, Lebarbier, Lebouteux. etc.

> Epreuves anciennes, marges.

LA BRUYÈRE

1465 — Caractères. Suite de vingt figures in-8, gravées sur bois, par Penguilly.

> Belles épreuves sur papier de Chine, à toute marge.

LACHAMBAUDIE

1466 — Fables. Réunion de treize figures grand in-8, d'après Johannot, Marville, Cabasson et autres.

> Epreuves à toute marge.

LAFAYETTE (Mme de)

1467 — Zaïde. La Princesse de Clèves. Suite de quatre figures in-18 de Desenne, publiées dans la Bibliothèque Française (trois exemplaires). — Suite de quatre figures in-18, dont deux fleurons de titres, édition Werdet, ensemble trente pièces.

Belles épreuves à grandes marges.

LAFONTAINE (J. de)

1468 — Œuvres. Réunion de vingt et un portraits et frontispices in-8.

Belles épreuves anciennes, plusieurs sont avant la lettre.

1469 — Œuvres. Suite de un portrait, gravé par Ribault et vingt-cinq figures in-8, de Moreau le Jeune, 1814.

Belles épreuves à toute marge.

1470 — Douze planches doubles.

Belles épreuves à l'eau-forte pure, marges.

1471 — Quatre-vingt-une planches doubles.

Belles épreuves avant la lettre sur blanc ou sur papier de Chine.

1472 — Trente et une planches doubles.

Epreuves avec la lettre.

1473 — Œuvres. Suite de un portrait, gravé par Dequevauviller, et vingt-cinq figures in-8, de Moreau le Jeune, 1822.

Très belles épreuves avant la lettre, à toute marge.

1474 — Œuvres. Suite de un portrait et douze figures in-8, de Deveria, 1825.

Belles épreuves avant la lettre (deux exemplaires).

1475 — Trente-six planches doubles.

Epreuves avant la lettre et à l'eau-forte pure, grandes marges.

1476 — Œuvres. Vingt-huit figures in-18, têtes de page, gravée sur bois, par Thompson, d'après Deveria, 1826. — Trente figures in-18, gravées sur bois, tirage sur papier bleue. — Vingt figures in-18, de Desenne, etc., 103 pièces.

Belles épreuves.

LAFONTAINE (J. de)

1477 — OEuvres. Suite de un portrait gravé par Hopwood et douze
figures in-8, de Johannot, 1835.
    Belles épreuves avant la lettre, à toute marge.

1478 — Les douze planches précédentes.
    Belles épreuves à l'eau-forte pure, a toute marge.

1479 — Onze planches doubles.
    Belles épreuves à l'eau-forte pure, (manque : Comment l'esprit vient aux filles).

1480 — La même collection.
    Épreuves avec la lettre, (deux exemplaires).

1481 — Planches séparées de la collection précédente, 16 pièces.
    Epreuves avant la lettre, et à l'eau-forte pure.

1482 — Contes. Réunion de quatre-vingts figures in-8, d'Eisen,
planches originales de 1762 et copies.
    Belles épreuves avec marges.

1483 — Contes. Suite de quatre-vingt-cinq figures in-8, d'Eisen,
dont deux portraits gravés par Ficquet. *Paris, Plassan*, 1792.
    Epreuves à toute marge.

1484 — Contes. Suite de quatre-vingt-cinq figures in-8 d'Eisen,
dont deux portraits gravés par Ficquet. *Paris, Lemonnyer*,
1884.
    Epreuves sur papier du Japon.

1485 — La même collection.
    Epreuves sur papier vergé.

1486 — Contes. Suite de soixante-quatre fleurons et culs-de-lampe,
gravés par C. Baily, d'après P.-P. Choffard.
    Epreuves sur papier vergé in-8, réimpression moderne.

1487 — Contes. Suite de un frontispice et soixante-cinq vignettes
in-12, têtes de page, d'après C. N. Cochin, 1776, épreuves avec
le texte. — Suite de quarante vignettes de la même suite,
épreuves modernes.

    Cent vingt-six pièces.

LAFONTAINE (J. de)

1488 — Contes. Suite de un portrait et vingt-quatre figures in-18, *Paris, Cazin*, 1780.

> Très belles épreuves à toute marge.

1489 — Contes. Suite de huit figures in-8, de Marillier. *Paris,* 1802.

> Belles épreuves à toutes marges, une planche est double, à l'eau-forte pure, neuf pièces.

1490 — La même collection.

> Belles épreuves remargées, in-4.

1491 — Sept planches, doubles des précédentes.

> Belles épreuves, deux sont avant les numéros.

1492 — Contes. Suite de quatre-vingt-quatorze figures in-18, têtes de page, dont un portrait, d'après Duplessis-Bertaux.

> Belles épreuves sur papier de Chine, d'un ancien tirage.

1493. — Contes. Suite de soixante-quinze vignettes in-18, d'après Monnet, Chasselat, Desenne et Leroy, publiées par Nepveu, 1820.

> Belles épreuves avant la lettre, à toute marge.

1494 — La même collection de soixante-douze planches.

> Epreuves avec la lettre, marges grand in-8.

1495 — La même collection.

> Epreuves avant la lettre, tirage moderne.

1496 — Contes. Suite de un portrait et quarante figures in-18 gravées à l'eau-forte, d'après Fragonard, Lancret, Pater et autres. *Paris, Lemerre*, 1876.

> Epreuves sur papier vergé.

1497 — Contes. Suite de vingt estampes, d'après H. Fragonard et Touzé, gravées à l'eau-forte par T. de Mare. *Paris, Conquet*, 1881.

> Epreuves du troisième état avant la lettre, sur papier de Hollande.

LAFONTAINE. (J. de)

1498 — Contes. Suite de un portrait et dix figures in-8, gravées par Boilvin, d'après de Beaumont, publiés par *Jouaust*.

Belles épreuves d'artistes en double état, eaux-fortes pures et avant la lettre, sur papier de Hollande, in-4.

1499 — Contes. Suite de quarante estampes, dessinées par Lancret. Pater, Eisen, Boucher, Vleughels, etc., gravées au burin par Depollier aîné. *Paris, Lemonnyer*, 1883.

Epreuves du premier état, eaux-fortes pures, sur papier du Japon.

1500 — La même collection.

Epreuves du troisième état, avant la lettre, sur papier du Japon.

1501 — La même collection.

Epreuves du quatrième état, avec la lettre, sur papier vergé.

1502 — Contes. Suite des cent estampes, d'après Fragonard, réimpression de l'édition de 1795. *Paris, Lemonnyer*, 1882.

Epreuves en noir, sur papier du Japon.

1503 — La même collection.

Epreuves en bistre sur papier vergé.

1504 — La même collection.

Epreuves en noir sur papier vergé.

1505 — Quarante-trois planches de la même collection.

Trois exemplaires, ensemble cent-vingt-neuf pièces.

1506 — Contes. Suite de soixante-dix-neuf vignettes in-18, têtes de pages, dont deux portraits, d'après Duplessis-Bertaux réimpression de *Lemonnyer*.

Epreuves sur papier du Japon, marges grand in-8.

1507 — La même collection.

Epreuves sur papier vergé.

1508 — La même collection.

Epreuves sur papier de Chine volant.

LAFONTAINE (J. de)

1509 — Suite de soixante-dix figures in-32, gravées sur bois.

Epreuves découpées et remargées à plat, de format in-18.

1510 — Contes. Réunion de cent-quarante-trois figures de tout format, par ou d'après Gravelot, Deveria, Johannot, Fragonard, Desenne, Hersent et autres.

Plusieurs sont avant la lettre ou à l'eau-forte pure, et un dessin pour la gageure des trois Commères.

1511 — Fables. Suite de deux cent soixante-quinze figures in-8, gravées par Punt et Vinkelès, d'après Oudry, 1784.

Belles épreuves, grandes marges.

1512 — La même collection.

Epreuves à petites marges.

1513 — Fables. Suite de six figures in-8, gravées par N. V. D. Meer, d'après Buys, pour une édition hollandaise du siècle dernier.

Belles épreuves, grandes marges.

1514 — Fables. Suite de deux fleurons de titres, gravés par Henriquel-Dupont, d'après Desenne, *Paris*, 1820. — Deux figures in-8 travers, par Howill, neuf pièces.

Belles épreuves en différents états.

1515 — Fables. Suite de un portrait et douze figures in-8 de Moreau le Jeune, *Paris*, *Lefèvre*, 1822.

Belles épreuves avant la lettre, marges grand in-8.

1516 — Suite de douze figures in-8, de Bergeret, dont un frontispice.

Belles épreuves avant la lettre. On y a joint neuf planches doub'es dont une à l'eau-forte pure, vingt et une pièces.

1517 — Fables. Suite de un portrait, gravé par Choubard, deux frontispices en couleur et douze figures in-8, gravées sur bois, pour l'édition Armand Aubrée, 1839.

Epreuves en double état, sur blanc et sur papier de Chine. On y a joint les titres de chapitres, ensemble quatre-vingt-sept pièces.

LAFONTAINE (J. de)

1518 — Fables. Suite de soixante figures in-18, de Desenne, édition
Nepveu, épreuves avant la lettre. — La même collection,
même état, marges grand in-8. — La même collection, épreuves
avec la lettre, ensemble cent quatre-vingts pièces.
Epreuves à toute marge.

1519 — Fables. Suite de cent vingt figures in-8, gravées sur bois,
d'après J.-J. Granville. Paris, Fournier, 1840, tome III. —
Album de cent vingt sujets, tirés des fables. Paris, Garnier
frères, s. d., ensemble deux cent quarante-deux pièces.
Epreuves à toute marge.

1520 — Fables. Suite de cent quarante-deux figures in-8, d'après
J.-J. Granville, Paris, Furne, 1842. — Cent dix-huit pièces, de
l'édition Perrotin, 1838, ensemble deux cent soixante pièces.
Belles épreuves.

1521 — Fables. Suite de vingt-deux vignettes, têtes de page, un
portrait et soixante-quatorze figures in-4, dessinées et gravées
à l'eau-forte, par Delierre, pour l'édition de Quantin.
Epreuves avant la lettre, sur papier du Japon blanc, (tirage à cinquante
exemplaires).

1522 — Fables. Suite de un portrait et douze figures in-8, gravés à
l'eau-forte, pour l'édition de Jouaust, collection dite des
douze peintres.
Epreuves sur papier de Hollande.

1523 — Fables. Suite de huit figures in-18, dessinées et gravées à
l'eau-forte, par Riballier.
Epreuves d'artiste avant toute lettre, une planch eest double en état différent
Neuf pièces.

1524 — Fables. Suite de cinquante-sept figures in-18, imitées de
Phèdre et Esope. — Quatre figures in-8 travers, coloriées de
Henri Monnier. — Quinze figures in-8, de Perdoux. — 8 figures
in-18, de Desenne. — Douze figures in-8 travers, de Percier,
quatre-vingt-dix-huit pièces.
Epreuves à toute marge.

LAFONTAINE (J. de)

1525 — Fables. Suite de un portrait et quatorze figures in-18,
têtes de page, d'après Moreau le jeune. Paris, Rouquette, 1883.
Epreuves tirées hors texte, sur papier Whatmann, in-8.

1526 — Fables. Réunion de cinquante figures in-8 et in-4, par ou
d'après H. Vernet, Leprince, Lecomte, Cochin, Perdoux, G.
Doré, et autres.
Belles épreuves.

1527 — Psyché et Adonis. Cinq figures in-4, de Moreau le jeune,
1795.
Belles épreuves avant la lettre, marges.

1528 — Seize planches de la même collection.
Belles épreuves, trois sont avant la lettre.

1529 — Psyché et Adonis. Suite de six figures in-18, dessinées par
Binet, et gravées par Blanchard, 1796.
Belles épreuves avant la lettre, a toute marge.

1530 — Psyché et Adonis. Suite de un portrait, gravé par Delvaux
et huit figures in-18, de Moreau le jeune, 1797.
Belles épreuves avant la lettre, grandes marges, une pièce est remargée.

1531 — Quatre planches doubles.
Belles épreuves avant la lettre.

1532 — La même collection.
Epreuves avce la lettre, à toute marge (dix exemplaires).

1533 — Psyché et Adonis. Suite de cinq figures in-4, d'après
Gérard, 1797.
Très belles épreuves avant la lettre, à toute marge.

1534 — Psyché et Adonis. Réunion de cent dix figures in-18 et
in-8, par ou d'après Moreau le jeune, Desenne, Gérard et
autres, dont deux dessins originaux, par Mauriceau et Du-
bouloz.
Belles épreuves, plusieurs sont avant la lettre ou à l'eau-forte pure.

LAMARTINE

1535 — OEuvres. Suite de six figures in-8, dont un portrait, d'après Desenne. *Paris, Jules Boquet, 1826.*

Epreuves en double état, eaux-fortes pures et avant la lettre, marges grand in-8 et in-4.

1536 — OEuvres. Suite de cinq figures in-8, de Desenne. *Paris, Gosselin, 1825.*

Epreuves avant la lettre, trois planches dont doubles, huit pièces.

1537 — OEuvres. Réunion de quarante-sept figures in-18 et in-8, d'après Desenne, Rose, Lefèvre et autres.

Belles épreuves, la plupart sont avant la lettre sur papier de Chine.

1538 — Méditations. Suite de neuf figures in-18, de Desenne, *Paris, Ch. Gosselin.*

Epreuves à l'eau-forte pure, à toute marge.

LEGOUVÉ

1539 — OEuvres. Suite de un portrait et six figures in-8, d'après Desenne et Devéria, *Paris, Janet, 1826.*

Belles épreuves en double état, eaux-fortes pures et avant la lettre sur papier de Chine, marges in-4.

1540 — OEuvres. Suite de six figures in-12, à claire-voie, d'après Desenne.

Très belles épreuves en double état, à l'eau-forte pure et avant la lettre, sur papier de Chine, marges in-4.

1541. — OEuvres diverses. Suite de six figures in-12, d'après Desenne, épreuves avant la lettre sur papier de Chine, in-4. — Sept figures in-18, d'après Desenne, publiées par Janet. — Huit figures in-8, gravées sur bois, d'après Philippoteaux, pour Nos Mères et Nos Filles, ensemble vingt et une pièces.

Belles épreuves.

1542 — La mort d'Abel, trois figures in-8, d'après Boizot. — Sujets divers, d'après Desenne et Van der Werff, ensemble dix pièces.

Belles épreuves, plusieurs sont avant la lettre, et à l'eau-forte pure.

LEGOUVÉ

1543 — OEuvres. Réunion de soixante-sept figures in-12 et in-8,
d'après Desenne, Moreau, Deveria, Heath, Courboult et autres
Belles épreuves, plusieurs sont avant la lettre.

LEGRAND D'AUSSY

1544 — Fabliaux et Contes. Quatorze figures in-8, de Moreau le
Jeune et Desenne. *Paris, Renouard,* 1829.
Epreuves avant la lettre, à toute marge.

1545 — Vingt-deux planches doubles.
Epreuves avant la lettre, grandes marges.

LESAGE

1546 — OEuvres. Suite de vingt deux figures in-8, dessinées et gra-
vées à l'eau-forte, par R. de Los Rios, dont douze pour Gil
Blas, six pour Guzman, et quatre pour le Bachelier.
Epreuves avant la lettre, sur papier du Japon.

1547 — La même collection.
Même état.

1548 — OEuvres. Suite de douze figures in-12, de Choquet, gravées
par Pourvoyeur.
Belles épreuves en double état, avant et avec la lettre, plus cinq planches
avant la lettre, vingt-neuf pièces.

1549 — Gil Blas. Suite de vingt-quatre figures in-12 non signées.
— Suite de trente-deux figures in-12, non signées, remargées.
— Suite de trente-deux figures in-8 anciennes, non signées,
épreuves remargées, ensemble quatre-vingt-huit pièces.
Bonnes épreuves.

1550 — Gil Blas. Suite de quatre fleurons de titres et six figures
in-8, de Chodowiecky, 1785, plus trois planches doubles. —
Suite de onze figures in-12 du même, parues dans un almanach, ensemble vingt-quatre pièces.
Belles épreuves

LESAGE

1551 — Gil Blas. Réunion de deux cent huit figures in-8, d'après Bornet.

Belles épreuves, la plupart à grandes marges.

1552 — Gil Blas. Deux figures in-12, de Wilde et Allen, 1794. — Quatre figures in-12, gravées à la sanguine. — Quatre figures in-18, de Schmidt et Corboult, 1796. — Deux figures in-18, de Uwins, épreuves avant la lettre sur papier de Chine. — Huit figures in-12, de Corboult, 1793. — Cinq figures in-18, par Dodd, 1780, ensemble vingt-cinq pièces.

Belles épreuves.

1553 — Gil Blas. Suite de vingt-quatre figures in-8, de Smirke. Longmann, 1809.

Belles épreuves sur papier de Chine, remontées in-4.

1554 — La même collection.

Epreuves sur papier de Chine (cinq sont sur blanc).

1555 — Gil Blas. Suite de neuf figures in-8, d'après Desenne, *Paris Lefèvre,* 1820.

Epreuves avant la lettee sur papier de Chine (une pièce est sur blanc).

1556 — La même collection.

Epreuves avant la lettre, plus cinq planches doubles à l'eau-forte pure, ensemble seize pièces.

1557 — La même collection.

Epreuves avec la lettre (cinq exemplaires).

1558. — Gil Blas. Suite de deux figures in-8, de Devéria, pour une édition que Ch. Gosselin, devait publier.

Epreuves à l'eau-forte pure, une planche est double terminée, trois pièces (deux exemplaires).

1559 — Gil Blas. Suite de huit figures in-18, dont quatre fleurons de titres. Edition Werdet.

Epreuves avant la lettre sur papier de Chine (trois exemplaires).

LESAGE

1560 — Gil Blas. Suite de dix figures in-32, gravées par Pourvoyeur, d'après Desenne et Smirke, épreuves avant la lettre
remargées.— Suite de quatre figures in-18, de Mendoze, épreuves remargées, quatorze pièces.
Belles épreuves.

1561 — Gil Blas. Suite de sept figures in-12, de Challiou, édition
de Berlin.
Epreuves en double état avant et avec la lettre.

1562 — La même collection.
Epreuves avec la lettre (deux exemplaires), et planches séparées, vingt deux pièces.

1563 — Gil Blas. Suite de neuf figures in-8, d'après Desenne,
pour l'édition Furne.
Belles épreuves, marges in-folio.

1564 — Gil Blas. Suite de vingt figures in-8, gravées sur bois,
d'après C. Nanteuil.
Belles épreuves.

1565 — Gil Blas. Suite de vingt figures, grand in-8, d'après Gavarni. *Paris, Morizot.*
Epreuves sur papier de Chine, à toute marge.

1566 — Gil Blas. Suite de seize figures in-8, gravées par L. Monziès.
d'après H. Pille. *Paris, Lemerre,* 1878.
Epreuves en double état, avant la lettre, sur papier de Chine, petites marges et avec la lettre sur papier de Hollande, trente-deux pièces.

1567 — Gil Blas. Réunion de cent dix-huit figures in-18 et in-8,
doubles des suites précédentes, et sujets divers.
Belles épreuves, plusieurs sont avant la lettre.

1568 — Le Diable Boiteux. Suite de quatre figures in-18, de Desenne, dont deux fleurons de titres, pour l'édition Werdet.
Epreuves en double état, avant la lettre et à l'eau-forte pure, plus trois planches doubles, onze pièces.

LESAGE

1569 — Le Diable Boiteux. Suite de quatre figures in-8, dessinées
et gravées à l'eau-forte, par R. de Los Rios.
Epreuves avant la lettre sur papier du Japon.

1570 — Le Diable Boiteux. Suite de un portrait et huit figures in-8,
dessinées et gravées à l'eau-forte, par Lalauze.
Epreuves d'artiste, avec remarques, tirées sur papier de Hollande, in-4.

1571 — La même collection.
Epreuves de graveur, l'eau-forte pure, avec remarques, marges in-4.

1572 — Le Diable Boiteux et autres œuvres. Réunion de cent-quarante figures in-18 et in-8.
Belles épreuves, la plupart sont avant la lettre.

1573 — Réunion de douze portraits in-18 et in-8.
Belles épreuves, quatre sont avant la lettre.

LONGUS

1574 — Daphnis et Chloé. Suite de neuf figures in-4, de Prudhon
et Gérard. *Paris, Didot*, 1800.
Belles épreuves avant la lettre, à toute marge.

1575 — Daphnis et Chloé. Suite de six figures in-8, d'après Gérard,
Albriez et Prudhon, publiées par Janet.
Très belles épreuves a l'eau-forte pure, marges in-4.

1576 — Daphnis et Chloé. Suite de vingt-neuf figures, réimpression
de Lemonnyer (deux exemplaires).
Epreuves sur papier de Chine.

1577 — Daphnis et Chloé. Quatre figures in-18. de Binet, gravées
par Blanchard (une planche est double).—Quatre figures in-18
têtes de page, gravées par E. Lévy, édition Jouaust.— Trente-
et-une figures, édition Leclère. — Huit figures in-8, gravées
au trait, d'après Prudhon et Gérard, ensemble quarante-sept
pièces.
Epreuves à toute marge.

LONGUS

1578 — Daphnis et Chloé. Réunion de cent dix-huit figures in-18 et in-8, tirées de différentes suites et planches séparées.

Plusieurs épreuves sont avant la lettre.

LOUVET DE COUVRAY (J.-B.)

1579 — Faublas. Suite de vingt-sept figures in-8, de Demarhe, Dutertre, Mlle Gérard, Monsiau, Monnet et Marillier, pour l'édition de l'An VI.

Belles épreuvés à toute margè.

1580 — La même collection.

Epreuves à grandes marges.

1581 — Vingt-quatre planches doubles.

Epreuves avant la lettre, petites marges.

1582 — Défets de la collection précédente.

Vingt-et-une pièces, dont onze avant la lettre.

1583 — Faublas. Suite de huit figures in-8, de Colin. Edition Tardieu, 1821. — Défets de la même suite, ensemble dix-huit pièces.

Belles épreuves, dix sont avant la lettre.

1584 — Faublas. Suite de treize figures in-18, de Chaillou, gravées par Lorieux. — Suite de vingt figures in-8, de Marckl et Rogier. Edition Lavigne, 1836, épreuves sur papier de Chine, ensemble 33 pièces.

Belles épreuves.

1585 — Faublas. Réunion de trente-sept vignettes in-18, par ou d'après Chaillou, Deveria, Tardieu, etc.

Plusieurs sont avant la lettre.

1586 — Faublas. Suite de cinquante-trois figures in-8, gravées sur bois pour l'édition Mallet, 1842.

Epreuves sur Chine volant (14 exemplaires).

1587 — Défets de la collection précédente, titres gravés par Marckl.

Environ 200 pièces sur blanc et sur Chine.

LOUVET DE COUVRAY (J.-B.)

1588 — Faublas. Suite de quatre figures in-18, gravées à l'eau-forte par Champollion, d'après Marillier, publiées par Lemonnyer.

    Epreuves avant la lettre sur papier du Japon.

LUCAIN

1589 — La Pharsale. Suite de dix figures in-8, de Perrin. *Paris, Crapelet*, 1796.

    Très belles épreuves avant la lettre, marges in-4.

1590 — La même collection.

    Belles épreuves avant la lettre, marges in-8.

1591 — La Pharsale. Réunion de trente-deux figures in-8, d'après Gravelot et Perrin.

    Bonnes épreuves, plusieurs sont avant la lettre.

LUCRÈCE

1592 — De la nature des choses. Suite de sept figures in-8, de Monnet. *Paris, Bleuet, an II.*

    Belles épreuves avant la lettre, avec et sans entourage, 14 pièces à toute marge.

1593 — La même collection.

    Epreuves avec la lettre et avec l'encadrement, quatre exemplaires à toute marge, 28 pièces.

1594 — La même collection.

    Belles épreuves avant la lettre sans l'entourage, en feuilles.

1595 — Planches doubles, 15 pièces.

    Epreuves avant et avec la lettre.

MALFILATRE

1596 — Narcisse dans l'Isle de Vénus. Réunion de dix-neuf figures in-18 et in-8, d'après G. de Saint-Aubin et autres.

    Belles épreuves, plusieurs sont avant la lettre.

MARGUERITE DE NAVARRE

1597 — Heptaméron. Suite de soixante-dix figures in-8, d'après Freudenberg. *Berne, 1780.*
Très belles épreuves du premier tirage, marges petit in-8.

1598 — La même collection de 70 pièces.
Epreuves anciennes, d'un tirage postérieur, à toutes marges.

1599 — Quarante-deux planches doubles.
Belles épreuves, grandes marges.

1600 — Heptaméron. Suite de soixante-quatorze figures in-8, d'après Freudenberg, dont un frontispice et un portrait. *Paris, Eudes*, s. d.
Epreuves sur papier de Hollande.

1601 — Heptaméron. Suite de un portrait et huit figures in-8, dessinées et gravées à l'eau-forte par L. Flameng. *Paris, Jouaust.*
Deux exemplaires sur papier de Hollande, à toute marge.

MARMONTEL

1602 — Chefs-d'œuvre dramatiques. Vingt-trois figures, en-têtes et culs-de-lampe, d'après Ch. Eisen. *Paris, Grangé*, 1773.
Belles épreuves, seize sont en tirages à part.

1603 — Contes moraux. Suite de vingt-sept figures et portrait in-8, d'après Gravelot. *Paris, Merlin*, 1765.
Epreuves du premier tirage, marges.

1604 — La même collection.
Trois exemplaires, de tirages différents.

1605 — Contes moraux. Suite de six figures in-12, gravées par Ransonnette. — Suite de vingt figures in-8, d'après Gravelot avec texte hollandais, trois planches diverses. Ensemble 29 pièces.
Bonnes épreuves, à toute marge.

1606 — Les Incas. Suite de un frontispice et dix figures in-8, de Moreau le jeune. Paris, Lacombe, 1777.
Quatre exemplaires.

MARMONTEL

1607 — Planches séparées, 22 pièces.
> Bonnes épreuves, marges inégales.

1608 — La Neuvaine de Cythère. Deux figures in-8, de Bergeret, gravées par Sixdeniers.
> Belles épreuves en double état, avant et avec la lettre, à toute marge.

1609 — Planches doubles et en-têtes gravés par Fesquet, pour l'Edition de Barraud, 5 pièces.
> Belles épreuves, quatre sont avant la lettre.

1610 — OEuvres. Cinquante-six figures in-8, pour l'Edition de Verdière.
> Epreuves avant et avec la lettre, et à l'eau-forte pure.

1611 — Réunion de trente et une figures et portraits, pour Belisaire et les œuvres diverses.
> Belles épreuves, plusieurs sont avant la lettre et à l'eau-forte pure.

MERCIER

1612 — Théâtre. Suite de douze figures in-8, de Fritzschius (huit exemplaires).
> Epreuves à toute marge.

MÉRIMÉE (Prosper)

1613 — Carmen. Suite d'un frontispice et huit vignettes, dessinés par S. Arcos et gravés par A. Nargeot. *Paris, Conquet, 1884.*
> Epreuves en double état, eaux-fortes pures et avant la lettre, sur papier du Japon.

MÉTASTASE

1614 — OEuvres. Suite d'un portrait, gravé par Gaucher et trentesix figures in-8, d'après Cochin, Moreau, Martini et autres.
> Belles épreuves, marges in-4.

1615 — La même collection, trente-six pièces.
> Bonnes épreuves, marges in-8.

1616 — Quarante planches doubles.
> Belles épreuves, sept sont avant la lettre, grandes marges.

MILLEVOYE

1617 — Œuvres. Suite de six figures in-8, dont un portrait, par Deveria, édition de Ladvocat.

Epreuves en triple état, eaux-fortes pures, avant et avec la lettre, à toute marge.

1618 — La même collection.

Deux exemplaires avant la lettre, dont un sur papier de Chine.

1619 — Planches séparées, quarante-trois pièces.

Epreuves avant et avec la lettre, plusieurs sont à l'eau-forte pure.

1620 — Œuvres. Suite de un portrait et deux figures in-8, de Johannot, édition Furne (deux exemplaires). — Suite de quatre figures in-18 de Johannot à claire-voie (cinq planches sont doubles), ensemble quinze pièces.

Belles épreuves, plusieurs sont avant la lettre.

MILTON

1621 — Le Paradis perdu. Suite de un portrait et treize figures in-8, d'après Stothart, Smith, Fuselli et autres.

Superbes épreuves avant la lettre, sur papier de Chine, marges in-4.

1622 — Le Paradis perdu. Suite de un portrait et douze figures in-8. Londres, J. Wilkins, 1795.

Epreuves remargées.

1623 — Le Paradis perdu. Suite de seize figures in-12, de Westall. *Londres, John Sharpe*, 1822.

Epreuves à toute marge.

1624 — Le Paradis perdu. Réunion de vingt-trois figures in-18 et in-8.

Belles épreuves, la plupart sont avant la lettre et à l'eau-forte pure.

MOLIÈRE

1625 — Œuvres. Réunion de cent soixante-sept figures in-18, gravées par Punt, Legrand et Fessard, d'après Fr. Boucher.

Bonnes épreuves.

MOLIÈRE

1626 — Œuvres. Suite de un portrait, gravé par Cathelin et trente-trois figures in-8, d'après Moreau le jeune, pour l'édition de Bret, 1773.

Très belles épreuves du premier tirage, marges grand in-8 (six sont plus courtes), rare.

1627 — Trente-quatre planches doubles.

Belles épreuves du premier tirage, marges.

1628 — La même collection, tirage de 1788.

Bonnes épreuves (le portrait manque).

1629 — Planches doubles, soixante-dix-huit pièces.

Belles épreuves.

1630 — Œuvres. Suite de un portrait, par A. de Saint-Aubin et trente figures in-8, de Moreau le jeune, édition de Renouard.

Epreuves à toute marge (deux exemplaires).

1631 — Œuvres. Suite de un portrait, par Lignon, d'après Frago-nard, et seize figures in-8, d'après Vernet et autres, pour l'édi-tion Desoër, 1819.

Belles épreuves avant la lettre, marges in-4.

1632 — Vingt-sept planches doubles.

Epreuves avant la lettre, et à l'eau-forte pure.

1633 — Œuvres. Suite de un portrait, gravé par Taurel, et dix-huit figures in-8, de Deseune, édition de Lefèvre.

Superbes épreuves à l'eau-forte pure, marges grand in-8 (Le portrait est de toute rareté en cet état).

1634 — La même collection.

Belles épreuves avant la lettre, sur papier de Chine, marges grand in-8.

1635 — La même collection.

Epreuves avec la lettre, sur blanc et sur papier de Chine volant (deux exem-plaires).

MOLIÈRE

1636 — Œuvres. Suite de un portrait, gravé par Bertonnier, et vingt figures in-18, de Desenne, publiées dans la Bibliothèque Française.

Belles épreuves avant la lettre sur papier de Chine, grand in-8, trois planches sont doubles, à l'eau-forte pure, 24 pièces.

1637. — Œuvres. Suite de un portrait médaillon et trente vignettes têtes de page, d'après Devéria, gravés sur bois par Thompson, pour l'édition Delongchamps, 1826. — Cinq figures in-12 gravées à l'eau-forte, pour les maîtresses de Molière, trente-six pièces.

Belles épreuves, les bois sont avec le texte au vero.

1638 — Œuvres. Suite de douze figures in-8, de Chasselat, dont un portrait. — Dix planches doubles et cinq épreuves avant la lettre, vingt-sept pièces.

Belles épreuves.

1639 — Œuvres. Suite de six figures in-18, de Chasselat.

Belles épreuves avant la lettre sur papier de Chine in-8, trois planches son doubles, 9 pièces.

1640 — La même collection.

Epreuves avec la lettre (trois exemplaires) et defets, 24 pièces.

1641 — Œuvres. Suite de un portrait, gravé par Hopwood et Chenavard, et dix-huit figures in-8, d'après H. Vernet et Desenne, publiés par Furne.

Epreuves sur papier de Chine à toute marge, on y a joint l'entourage du portrait, épreuve d'artiste, 20 pièces.

1642 — La même collection.

Epreuves sur papier de Chine (2 exemplaires)

1643 — Œuvres. Réunion de douze figures in-8, d'après H. Vernet et Desenne, retouchées par Nargeot, pour l'édition de Furne.

Superbes épreuves d'artiste avant la lettre, marges in-4.

1644 — Œuvres. Suite de trois portraits et trente-trois figures in-8 d'après Moreau le Jeune, 1773, réimpression de Willem.

Epreuves sur papier vergé, auxquelles on a joint les six fleurons de titres.

MOLIÈRE

1645 — La même collection.
Epreuves sur papier de Chine.

1646 — Œuvres. Suite de cent soixante-six figures in-12, têtes de page dessinées et gravées à l'eau-forte, par Hillemacher pour l'édition de Scheuring.
Epreuves sur papier de Chine volant.

1647. — Œuvres. Suite de trente-six figures in-8, dessinées et gravées à l'eau-forte, par F. Dupout.
Epreuves avant la lettre sur papier du Japon (N° 2).

1648 — Œuvres. Suite de trente-quatre estampes in-8, dont un portrait, dessinées et gravées à l'eau-forte, par Lalauze.
Epreuves avant la lettre sur papier Whatmann, in-4.

1649 — Œuvres. Suite de un portrait, par Lépicié d'après Coypel et trente-trois estampes in-4, d'après Boucher. Edition de De larue.
Epreuves en noir, à toute marge.

1650 — Œuvres. Suite de trente-trois estampes in-8, d'après Fr. Boucher, réduites et gravées à l'eau-forte. par T. de Mare.
Epreuves en double état, eaux-fortes pures et avant la lettre sur papier du Japon.

1651 — La même collection.
Epreuves avec la lettre, sur papier vergé.

1652 — Suite d'estampes, des principaux sujets des comédies de Molière, d'après Charles Coypel, réduites et gravées par T. de Mare, sept pièces.
Epreuves en double état avant la lettre, sur papier du Japon, et avec la lettre, sur papier vergé.

1653 — La même collection.
Epreuves en double état, comme le numéro précédent.

1654 — Œuvres. Réunion de quatre-vingt-dix portraits, lithographies et eaux-fortes.
Belles épreuves, plusieurs sont avant la lettre.

MONCRIF (de)

1655 — OEuvres. Suite de deux portraits et quatre figures in-8, de
De Sève.
    Epreuves à toute marge.

MONTESQUIEU

1656 — OEuvres. Suite de quatorze figures in-4, dont un portrait, d'après Moreau, Peyron et autres. *Paris, Plassan,*
1796.
    Très belles épreuves en double état, avant et avec la lettre, à toute marge.

1657 — La même collection.
    Belles épreuves avant la lettre, grandes marges.

1658 — La même collection, réduite in-8.
    Belles épreuves avant la lettre, sur papier de Chine, a toute marge

1659 — Le Temple de Gnide. Suite de un frontispice et neuf vignettes, têtes de page, par De Sève, 1742.
    Epreuves remargées, neuf planches doubles, ensemble 19 pièces.

1660 — Le Temple de Gnide. Suite de douze figures in-8, d'après
Eisen et Lebarbier, 1772.
    Epreuves avec le titre gravé, moins une planche pour Arsace, petites marges

1661 — Dix-huit planches doubles.
    Belles épreuves, grandes marges.

1662 — Le Temple de Gnide. Suite de douze figures in-18, de Re-
gnault et Lebarbier. *Paris, Didot,* 1795.
    Belles épreuves avant la lettre, grandes marges.

1663 — La même collection.
    Même état, petites marges.

1664 — La même collection.
    Même état, épreuves doublées.

1665 — La même collection.
    Epreuves avec la lettre (3 exemplaires).

MONTESQUIEU

1666 — Trente-huit planches doubles.

> Epreuves avant et avec la lettre, dont une à l'eau-forte pure.

1667 — Le Temple de Gnide. Suite de quinze figures et frontispices in-8, d'après Eisen et Lebarbier, réimpression de Lemonnyer.

> Epreuves sur papier du Japon (2 exemplaires),

1668 — La même collection.

> Quatre exemplaires sur papiers différents.

1669 — Réunion de cinquante portraits et vignettes in-8, et in-4.

> Belles épreuves, la plupart sont avant la lettre.

MOORE (Thomas)

1670 — Mémoires. Suite de six figures in-12, de Westall. *Londres,* 1824.

> Belles épreuves.

1671 — Dix figures in-8, d'après Corboult, pour les Mélodies et Lalla-Rookh.

> Très belles épreuves sur papier de Chine, avant la lettre, marges in-folio.

MOREL DE VINDÉ

1672 — Primerose. Suite de six figures in-18, dont un frontispice de Lefèvre. *Paris, Didot,* 1797.

> Belles épreuves avant la lettre a toute marge (le frontispice est avec la lettre) et on y a joint une planche à l'eau-forte pure, 7 pièces.

1673 — La même collection gravée par Mormand, d'après Lefèvre.

> Belles épreuves.

1674 — Zélomir. Suite de six figures in-18, de Lefèvre.

> Belles épreuves avant la lettre, on y a joint une planche à l'eau-forte pure, 7 pièces.

1675 — La même collection.

> Epreuves avant la lettre, grandes marges.

1676 — Cinq planches doubles, épreuves avant la lettre, deux doublés, même état, et trois avec la lettre, ensemb'e 10 pièces.

> Epreuves avec marges.

MURGER

1677 — Vie de Bohême. Suite de dix figures in-8, gravées à l'eau-
forte par Courtry, d'après les dessins de Montader. *Paris, Magnier et Cie.*

Belles épreuves du 1er état, à l'eau-forte pure sur papier du Japon.

1678 — La même collection.

Epreuves d'artiste avant la lettre sur papier de Hollande.

MUSÉE

1679 — Héro et Léandre, quatre figures in-12, d'après Monnet,
Mousiau et Harriet (dont une planche double),

Belles épreuves avant la lettre, à toute marge

1680 — Héro et Léandre. Réunion de trente-trois figures in-12 et
in-8.

Belles épreuves, la plupart sont avant la lettre et à l'eau-forte pure.

MUSSET (Alfred de)

1681 — OEuvres. Suite de un portrait, gravé par Flameng, et vingt-
huit figures in-8, d'après les dessins de Bida. *Paris, Char-
pentier*, 1867.

Epreuves à toute marge.

1682 — Dix-sept planches, doubles des précédentes.

Epreuves à toute marge.

1683 — OEuvres. Suite de quarante-deux figures in-12, gravées à
l'eau-forte, par Monziès. *Paris, Lemerre.*

Epreuves avant la lettre, sur papier de Chine.

1684. — OEuvres. Suite de un portrait et dix figures, gravées à
l'eau-forte, d'après les dessins de J.-P. Laurens. Ad. Moreau,
Giacomelli et Gervex. *Paris, D. Morgand,* 1884.

Epreuves avant la lettre, sur papier de Chine.

1685 — Illustrations pour les œuvres de Alfred de Musset, aquarelles par Eugène Lami, eaux-fortes par Adolphe Lalauze.

Epreuves sur papier de Chine (n° 4).

MUSSET (Alfred de)

1686 — Nouvelles. Suite de un portrait, cinq grandes figures et dix vignettes, gravées à l'eau-forte, par Mordant et Lucas, pour l'édition de Conquet.

> Belles épreuves avant la lettre, sur papier du Japon. On y a joint la planche refusée pour Emmeline, ensemble dix-sept pièces.

1687 — Trois figures in-8, d'après Bida. — Portrait de Paul de Musset, et figure pour les œuvres inédites. — Figure in-8, à l'eau-forte par Flameng pour Emmeline. — Portrait par Barbier, neuf pièces.

> Belles épreuves, huit sont avant la lettre.

NERVAL (Gérard de)

1688 — Sylvie. Suite de quarante-deux figures in-12, dont un frontispice, par E. Rudaux. *Paris, L. Conquet.*

> Belles épreuves du premier état, à l'eau-forte pure, sur papier du Japon,

NOGARET

1689 — Le fond du sac. Suite de un frontispice et onze figures in-18, têtes de page, gravées à l'eau-forte, *Paris, Leclère, 1866.*

> Belles épreuves à l'eau-forte pure, à toute marge, sept planches sont en doubles, ensemble dix-neuf pièces.

1690 — La même collection, avec dix planches complémentaires, gravées à l'eau-forte par Champollion d'après C. Fesquet, *Paris, Lemonnyer*, vingt-deux pièces.

> Epreuves en tirages à part, sur papier du Japon.

1691 — La même collection.

> Epreuves en tirages à part, sur papier de Hollande,

OVIDE

1692 — Métamorphoses. Suite de un frontispice et cent-quarante figures in-8, d'après Moreau, Boucher, Eisen, Gravelot, Monnet et autres, pour l'édition de l'abbé Banier, 1767-1771.

> Epreuves du deuxième tirage, à toute marge, cartonné.

OVIDE

1693 — Métamorphoses. Suite de cent quarante-quatre figures in-8, par Lebarbier, Monsiau et Moreau, pour l'édition de Villenave, 1806.

Belles épreuves, grandes marges, cartonné.

1694 — Cent soixante planches, doubles de la même collection.

Épreuves avant la lettre, la plupart à toute marge,

1695 — Métamorphoses. Cinquante-sept figures in-18, de Renaud et Coiny, *Paris, Didot,* 1787.

Belles épreuves.

1696 — Métamorphoses. Réunion de quatre-vingt-dix figures, planches séparées des collections précédentes.

La plupart sont à grandes marges.

PALISSOT

1697 — OEuvres. Suite de un portrait et dix-huit figures in-8, de Marillier, *Paris, Vve Duchesne,* 1779.

Tres belles épreuves à toute marge.

1698 — Quarante-deux planches, doubles de la même collection.

Belles épreuves, plusieurs sont avant la lettre.

1699 — OEuvres. Réunion de vingt-cinq figures in-8, d'après Méon, Fuseli, Monnet et autres.

Belles épreuves, plusieurs sont avant la lettre.

PARNY (Evariste)

1700 — OEuvres. Suite de sept figures in-18, d'après Fragonard fils et gravées par Roger et autres.

Belles épreuves avant la lettre, à toute marge.

1701 — OEuvres. Huit figures in-8, de Deveria. *Edition Dupont.*

Belles épreuves avant la lettre.

1702 — OEuvres. Réunion de seize figures in-18, d'après Monnet, Marillier et Fragonard fils.

Belles épreuves, plusieurs sont avant la lettre.

PERIN

1703 — Wertherie. Suite de quatre figures in-18, non signées.
Belles épreuves.

PERRAULT (Ch.)

1704 — Les Contes des fées. Suite de dix-huit figures in-12, publiées dans l'Edition de Perrin.
Trois exemplaires, tirages en bleu et à la sanguine.

1705 — Les Contes des fées. Suite de douze figures in-8, dessinées et gravées à l'eau-forte par Lalauze. *Paris, Jouaust.*
Epreuves avant la lettre sur papier de Hollande.

1706 — Les Contes des fées. Suite de douze figures in-18, non signées, tirage en bleu sur papier de Chine. — Suite de onze figures in-4 travers, gravées par Ad. Godefroy, d'après Chasselat, épreuves coloriées. — Pièces diverses et un portrait, ensemble 37 pièces.
Belles épreuves, la plupart à toute marge.

PÉTIS DE LA CROIX

1707 — Les 1001 jours. Suite de dix figures in-8, de Deveria. Edition Rapilly, 1826.
Epreuves en double état, eaux-fortes pures sur blanc et avant la lettre sur papier de Chine, 20 pièces.

1708 — Les 1001 jours. Suite de trois figures in-8, de J. Potier. — Suite de neuf figures in-8, de Deveria.
Epreuves avant la lettre à l'eau-forte pure, 12 pièces.

1709 — Les 1001 jours. Réunion de quarante-trois figures in-8 et in-18, d'après Desenne, Deveria et autres.
Belles épreuves, plusieurs sont avant la lettre.

PEZAY (marquis de)

1710 — Zélis au bain. Suite de treize figures et fleurons, d'après Eisen, tirage de Lemonnyer.
Trois exemplaires sur papiers différents.

1711 — La même collection.
Belles épreuves gouachées.

PIIS (de)

1712 — Chansons. Réunion de vingt-deux figures in-18, d'après Lebarbier.

Epreuves anciennes et réimpressions.

PIRON (Alexis)

1713 — Œuvres. Réunion de vingt-trois figures in-8 et in-18 d'après Cochin, Deveria et autres.

Belles épreuves, plusieurs sont avant la lettre.

PLUTARQUE

1714 — Œuvres. Suite de vingt-deux figures in-8, d'après Borel, de Fraine, Lebarbier, Moreau, Marillier, Monnet et Myris. *Paris, Cussac,* 1783.

Belles épreuves avant la lettre, marges.

1715 — Six planches doubles.

Très belles épreuves à l'eau-forte pure, marges.

1716 — Œuvres. Réunion de vingt-cinq figures in-8 et in-4, d'après Moreau le jeune, Borel, Marillier et autres.

Belles épreuves, plusieurs sont avant la lettre.

POPE (A.)

1717 — Œuvres. Suite de un portrait, d'après Kneller et seize figures in-8, d'après Stothart.

Superbes épreuves avant la lettre, marges in-4, très rare.

PRÉVOST (l'abbé)

1718 — Manon Lescaut. Suite de huit figures in-12, dessinées et gravées par Pasquier, 1753.

Deux exemplaires, dont un remargé à plat.

1719 — Manon Lescaut. Suite de huit figures in-18, de Lefèvre, gravées par Coiny. *Paris, Didot,* 1798.

Belles épreuves avant la lettre, grandes marges (quatre sont remargées).

1720 — La même collection. *Paris, Willem.*

Epreuves avant la lettre.

PRÉVOST (l'abbé)

1721 — Onze planches doubles.
Epreuves avant la lettre, marges.

1722 — Manon Lescaut. Suite de une grande figure et deux fleurons de titres, de Desenne, pour l'édition Werdet, in-8.
Superbes épreuves en double état, eaux-fortes pures et avant la lettre, grandes marges.

1723 — La même collection.
Très belles épreuves avant la lettre, sur papier de Chine, à toute marge.

1724 — Manon Lescaut. Suite de quatre figures in-18, de Desenne, publiées dans la Bibliothèque française.
Belles épreuves en triple état, eaux-fortes pures, avant et avec la lettre remargées.

1725 — Manon Lescaut. Suite de quatre figures in-18, de Desenne, édition Werdet et Lequien.
Epreuves en double état, eaux-fortes pures et avant la lettre, sur papier de Chine, à toute marge.

1726 — La même collection.
Mêmes états que la précédente, épreuves sur papier de Chine, remargées.

1727 — La même collection.
Epreuves en double état, avant et avec la lettre, à toute marge.

1728 — Manon Lescaut. Suite de dix-huit figures in-8, gravées sur bois, d'après Johannot, pour l'édition de Bourdin.
Belles épreuves, on y a joint le portrait, le titre et la couverture imprimée, ensemble vingt-deux pièces.

1729 — Vingt-sept planches doubles.
Belles épreuves, la plupart sur papier de Chine.

1730 — Manon Lescaut. Suite de huit figures in-18 gravées à l'eau-forte, par Monziès, d'après Pasquier. *Paris, Lemerre.*
Epreuves avant la lettre.

PRÉVOST (l'abbé)

1731 — Manon Lescaut. Suite de un portrait et dix figures, de Flameng et un portrait d'Alexandre Dumas fils.

Epreuves avant la lettre, sur papier du Japon, à toute marge.

1732 — Suite de un portrait et dix figures in-8, dessinés et gravés à l'eau-forte, par Flameng.

Epreuves sur papier de Hollande, à toute marge.

1733 — La même collection.

Belles épreuves avant la lettre, sur papier de Chine.

1734 — Suite de six figures in-12, dont un portrait dessinés et gravés à l'eau-forte, par Hédouin. *Paris, Jouaust.*

Epreuves sur papier vergé, à toute marge.

1735 — Manon Lescaut. Suite de douze figures in-12, dessinées et gravées à l'eau-forte, par Chauvet. *Paris, P. Rouquette, 1874.*

Trois exemplaires, sur Hollande et sur papier de Chine.

1736 — Suite de dix compositions in-4, d'après Lionel Roger, publiées par Magnier, 1887.

Belles épreuves sur papier de Hollande (deux exemplaires).

1737 — Manon Lescaut. Réunion de quarante-deux portraits et figures in-18 et in-8, d'après Lefèvre, Desenne, Jeanron et autres.

Belles épreuves, plusieurs sont à l'eau-forte pure.

QUERLON (Meunier de)

1738 — Les Grâces. Suite de un titre, gravé par Moreau le jeune et six figures in-8, d'après Boucher et Moreau, *Paris, Prault, 1769.*

Très belles épreuves, avec marges.

1739 — Six planches doubles de la collection précédente.

Epreuves remargées.

1740 — Les Grâces. Quatre figures in-8, d'après Moreau le jeune. Sans noms de graveurs.

Deux pièces sont avant la lettre.

QUERLON (Meunier de)

1741 — Les Grâces: Réunion de trente et une figures et fleurons
in-18 et in-8, d'après Moreau le jeune, Boucher, Marillier,
Gravelot, de Sève, Monnet et autres.
> Belles épreuves, plusieurs sont avant la lettre.

RABELAIS

1742 — Œuvres. Suite de frontispices, portraits, fleurons et
estampes, d'après L. F. du Bourg et B. Picart. *Amsterdam,*
1741, quatorze pièces.
> Belles épreuves, une est à l'eau-forte pure.

1743 — Œuvres. Suite de quatorze figures in-18, gravées sur bois,
par Thompson, d'après Desenne, *Paris, Desoër.*
> Belles épreuves sur papier de Chine, marges grand in-8.

1744 — Œuvres. Suite de douze figures in-8, de Deveria. Edition
Dalibon.
> Epreuves en double état, eaux-fortes pures et avant la lettre, sur papier de
> Chine, grandes marges.

1745 — Quarante-six planches doubles, de la même collection.
> Epreuves avant la lettre, à toute marge

1746 — Œuvres. Suite de onze figures in-8, dessinées et gravées à
l'eau-forte, par Boilvin. *Paris, Jouaust.*
> Très belles épreuves de graveur avant la lettre, signées de l'artiste, tirage in-4
> sur papier de Hollande.

1747 — La même collection.
> Epreuves avant la lettre, sur papier de Chine, à toute marge

1748 — Œuvres. Suite de dix-sept gravures sur acier, d'après B.
Picart. Paris, Willem.
> Epreuves avant la lettre, sur papier Whatmann (2 exemplaires).

1749 — La même collection.
> Epreuves avant la lettre sur papier de Chine, (2 exemplaires).

RACINE (Jean)

1750 — Réunion de trente-neuf portraits différents, in-12 et
   in-8.
     Très belles épreuves la plupart sont avant la lettre, grandes marges.

1751 — OEuvres. Réunion de trente-sept figures in-12 et in-4,
   d'après L. F. du Bourg et de Sève, pour les éditions de 1743
   et 1750.
     Belles épreuves, deux fleurons sont tirés hors texte.

1752. — OEuvres. Suite de un portrait gravé par Gaucher, et douze
   figures in-8 de Gravelot. *Paris, Cellot*, 1768.
     Très belles épreuves avant la lettre, marges.

1753 — La même collection.
     Même état, à laquelle on a joint un portrait de P. Corneille, gravé par Gau-
cher, 14 pièces.

1754 — Trente et une planches doubles.
     Epreuves avant et avec la lettre.

1755 — OEuvres. Suite de un portrait, gravé par Gaucher, et douze
   figures in-8 de Lebarbier. *Paris, Deterville*, 1796.
     Epreuves avant la lettre (manque une planche).

1756 — La même collection.
     Epreuves avec la lettre, (4 exemplaires).

1757 — Trente-deux planches doubles.
     Belles épreuves avant et avec la lettre, deux pièces sont à l'eau-forte pure,
grandes marges.

1758 — OEuvres. Suite de un frontispice, d'après Prudhon et douze
   figures in-8, d'après Chaudet, Gérard, Moitte, Girodet et autres. *Paris, Didot*, 1801.
     Epreuves avant la lettre, grandes marges, huit planches sont doubles, vingt
et une pièces.

1759 — OEuvres. Suite de un frontispice, d'après P. Prudhon,
   et douze figures in-8, d'après Peyron, Gérard et Girodet, publiées par Didot l'aîné.
     Belles épreuves avant la lettre, marges in-folio.

RACINE (Jean)

1760 — Œuvres. Suite de un portrait gravé par A. de Saint-Aubin, et douze figures in-8, de Moreau le Jeune. *Paris, Renouard.*

 Belles épreuves à toute marge (trois exemplaires).

1761 — Douze planches doubles.

 Très belles épreuves avant la lettre ou à l'eau-forte pure, marges.

1762 — Œuvres. Suite de un portrait, gravé par A. de Saint-Aubin, et douze figures in-8, de Garnier. *Paris, Lenormand,* 1808.

 Belles épreuves avant la lettre, grandes marges.

1763 — La même collection.

 Epreuves en double état, avant et avec la lettre.

1764 — Trente-quatre planches doubles.

 Epreuves avant et avec la lettre.

1765 — Œuvres. Suite de un portrait et douze figures in-8, de Moreau le jeune. *Paris, Raymond et Ménard,* 1811.

 Epreuves à toute marge.

1766 — La même collection.

 Epreuves à petites marges, on y a joint deux planches avant la lettre, 15 pièces.

1767 — Œuvres. Suite de quatorze figures in-8, d'après Prudhon, Gérard, Girardet, Taunay et autres. *Paris, Lefèvre,* 1820.

 Belles épreuves avant la lettre, grandes marges.

1768 — La même collection.

 Epreuves avant la lettre, sur papier de Chine in-4.

1769 — La même collection.

 Epreuves avant la lettre, on y a joint 3 planches doubles, 17 pièces.

1770 — Œuvres. Suite de un portrait et douze figures in-18, de Desenne, gravés par Girardet, pour la Bibliothèque Française.

 Belles épreuves en triple état, eaux-fortes pures, avant et avec la lettre, à toute marge, 39 pièces.

RACINE (Jean)

1771 — La même collection.

Epreuves en double état, avant et avec la lettre, plusieurs planches sont doubles à l'eau-forte pure, 41 pièces.

1772 — Œuvres. Suite de cinquante-sept figures in-12 gravées au trait par Calmé. — Suite de treize figures in-18, non signées. — Suite de 13 figures in-18 gravées à l'eau-forte par Monziès, 80 pièces.

Epreuves avec marges.

1773 — Œuvres. Suite de un portrait et douze figures in-8, d'après Gérard, Girodet, Desenne. *Paris, Furne.*

Cinq exemplaires à toute marge.

1774 — Planches doubles, quarante pièces.

Belles épreuves, avant et avec la lettre.

1775 — Œuvres. Réunion de soixante-neuf figures, dessins et frontispices de tous formats, par ou d'après Gérard, Moreau, Dubourg, Gravelot, Desenne et autres.

Belles épreuves, plusieurs sont avant la lettre

RAYNAL

1776 — Histoire philosophique et politique des Établissements et du Commerce des Européens dans les deux Indes. Réunion de cinquante figures in-8 et in-4, d'après Cochin, Moreau le le jeune et Eisen.

Epreuves à grandes marges.

REGNARD

1777 — Suite de un portrait gravé par Tardieu, et sept figures in-8 de Moreau le jeune. *Paris,* 1789.

Belles épreuves, marges in-4.

1778 — La même collection.

Epreuves à grandes marges.

1779 — Œuvres. Suite de un portrait et douze figures in-8, de Borel. *Paris, Maradan,* 1790.

Belles épreuves, grandes marges.

REGNARD

1780 — OEuvres. Suite de un portrait et douze figures in-8, de Deseune. *Paris, Dufart*, 1827.

> Epreuves en triple état, eaux-fortes pures, avant et avec la lettre, sur papier
> de Chine, à toute marge, 39 pièces.

1781 — OEuvres. Réunion de vingt et une figures in-8, d'après
Borel, Moreau, Desenne et Marillier.

> Belles épreuves, plusieurs sont avant la lettre.

RÉTIF DE LA BRETONNE

1782 — Le paysan perverti, 60 figures. — La paysanne pervertie,
50 figures. — Les contemporaines et autres ouvrages 129
figures. Ensemble 239 pièces.

> Belles épreuves.

RICCOBONI (Mme)

1783 — OEuvres. Réunion de cinquante-deux figures in-8, d'après
Brion de La Tour, Staal et autres.

> Belles épreuves, la plupart sont avant la lettre, et à l'eau-forte pure.

RICHARDSON

1784 — Histoire de Clarisse Harlowe. Réunion de cent cinquante-
huit figures in-18 et in-8, par ou d'après Chodowiecky, Gravelot, Eisen et autres.

> Belles épreuves, la plupart sont à grandes marges.

ROMANS GRECS

1785 — Réunion de soixante figures in-18, d'après De Juine, Heim
et autres.

> Belles épreuves avant la lettre, plusieurs sont à l'eau-forte pure.

ROSSET

1786 — L'Agriculture. Huit figures et fleurons, d'après Marillier,
Saint-Quentin, Loutherbourg et autres.

> Belles épreuves.

ROUCHER

1787 — Les Mois. Réunion de trente-quatre figures in-8 et in-4,
d'après Moreau le jeune, Coiny, Cochin et autres.

> Belles épreuves, plusieurs sont avant la lettre ou à l'eau-forte pure.

ROUSSEAU (J.-B.)

1788 — Œuvres. Suite de un portrait, gravé par Anselin, et huit figures in-8 de Lafitte. *Paris, Rémond, 1795.*

Belles épreuves avant la lettre, à grandes marges.

1789 — La même collection.

Épreuves avec la lettre (2 exemplaires).

1790 — Douze planches doubles.

Belles épreuves dont six avant la lettre, à grandes marges.

ROUSSEAU (J.-J.)

1791 — Œuvres. Suite de un portrait, par A. de Saint-Aubin, et trente-sept figures in-4, d'après Moreau le jeune et Lebarbier. Edition de 1774, reliée en un album dem. rel. maroq. rouge, avec coins, tr. d., n. rogné.

Très belles épreuves à toute marge, dont neuf doubles avant les numéros
Les planches de Lebarbier sont remargées et on y a joint sept estampes par ou
d'après Prudhon, Cochin, de Méchel et autres. Ensemble 54 pièces.

1792 — La même collection, composée de douze fleurons de titres et des trente-huit estampes, reliée in-4.

Belles épreuves.

1793 — La même collection, 38 pièces.

Belles épreuves avec marges.

1794 — Vingt-trois planches, doubles des précédentes.

Très belles épreuves avant les numéros, à grandes marges.

1795 — Dix-sept planches doubles.

Même état, grandes marges.

1796 — Cent dix-neuf planches doubles.

Épreuves avec la pagination, la plupart à toute marge.

1797 — Œuvres. Suite de un portrait, gravé par Ingouf et vingt-six figures in-18, de Marillier, 1783.

Épreuves avec la lettre, margés.

1798 — Vingt planches, doubles des précédentes.

Très belles épreuves avant la lettre, la plupart à toute marge.

ROUSSEAU (J. J.)

1799 — OEuvres. Réunion de trente-sept figures in-18, d'après Moreau le jeune, pour les Editions de Cazin.
> Belles épreuves, la plupart à grandes marges.

1800 — OEuvres. Réunion de trente-six figures in-4, d'après Cochin et Monsiau. *Paris, Defer de Maisonneuve,* 1793.
> Epreuves avant et avec la lettre deux pièces pour l'Emile sont à l'eau-forte pure.

1801 — OEuvres. Suite de quatre-vingt-dix figures et frontispices in-8, d'après Moreau, Marillier, Lebarbier et autres. *Paris, Poinçot,* 1788.
> Belles épreuves à toute marge, la plupart avant la lettre, plus deux planches à l'eau-forte pure, 92 pièces.

1802 — Deux cent trois planches doubles.
> Belles épreuves, la plupart sont avant la lettre.

1803 — OEuvres. Suite de soixante-quatre figures in-8, gravées par Dupréel, d'après Moreau le jeune.
> Belles épreuves, marges grand in-8, douze planches sont doubles, 76 pièces.

1804 — La même collection de 57 pièces.
> Epreuves à toute marge.

1805 — Planches doubles de la même collection, 111 pièces.
> Belles épreuves, la plupart à toute marge, plusieurs sont avant la lettre.

1806 — OEuvres. Suite de dix-neuf figures in-8, de Desenne. *Paris, Lefèvre,* 1819,
> Belles épreuves avant la lettre à toute marge.

1807 — OEuvres. Suite de quinze figures in-8, d'après Devéria et Burdet. *Paris, Armand Aubrée,* 1833.
> Belles épreuves avant la lettre sur papier de Chine, marges in-4.

1808 — La même collection.
> Epreuves avec la lettre à toute marge.

1809 — OEuvres. Suite de vingt-sept figures in-8, de Johannot, Deveria, Burdet, Marckl et autres. *Paris, Armand Aubrée,* s. d.
> Belles épreuves à toute marge.

ROUSSEAU (J.-J.)

1810 — Œuvres. Suite de quarante-deux figures in-8, de Devéria,
Edition Dalibon.
Belles épreuves avant la lettre sur papier de Chine, marges in-4.

1811 — Œuvres. Réunion de cent treize portraits, figures et frontispice, d'après Cochin, Moreau, Desenne, Choffard et autres.
Belles épreuves, plusieurs sont avant la lettre.

1812 — Emile. Suite de six figures in-4, d'après Cochin, 1782.
Belles épreuves, deux planches sont doubles avant le numéro, 8 pièces.

1813 — Emile. Suite de six figures in-8, d'après Cochin, 1782.
Belles épreuves avant la pagination à toute marge.

1814. — La même collection.
Deux exemplaires avec la pagination, marges, 13 pièces.

1815 — Emile. Suite de six figures in-8, d'après Cochin, 1782, plus
quatre planches diverses.
Belles épreuves avec un cadre ajouté, 10 pièces, marges in-4.

1816 — Emile. Suite de dix figures in-18 gravées par Lorieux,
d'après Moreau le jeune.
Belles épreuves à toute marge (4 exemplaires et defets), 47 pièces.

1817 — Emile. Suite de douze figures in-8, de Devéria, publiées
dans la Bibliothèque Française.
Trois exemplaires et defets, 44 pièces.

1818 — La nouvelle Héloïse. Suite de douze figures in-8, d'après
Gravelot, 1761,
Quatre exemplaires, dont un à toute marge, 45 pièces.

1819 — La Nouvelle Héloïse. Suite de un frontispice et douze figures in-18, gravées par Lorieux, d'après Moreau le jeune.
Belles épreuves à toute marge.

1820 — La Nouvelle Héloïse. Suite de douze figures in-18, de Devéria, publiées dans la Bibliothèque Française.
Epreuves en double état, eau-fortes pures et avant toute lettre, marges grand
in-8.

ROUSSEAU (J.-J.)

1821 — La Nouvelle Héloïse. Figures in-8, gravées sur bois, d'après
Tony Johannot, quatre-vingt-cinq pièces, plusieurs doubles.
Belles épreuves sur papier de Chine volant et appliqué

SAINT-LAMBERT

1822 — Les Saisons. Réunion de quarante-cinq figures in-8 et in-4,
par ou d'après Moreau, Eisen, Lebarbier, Chaulet et autres.
Belles épreuves.

1823 — Les Saisons. Un portrait, un frontispice et deux figures
in-18, pour l'édition de Cazin.
Epreuves à toute marge.

SAINT-MARC

1824 — Œuvres. Suite de un portrait et deux figures in-8, de Cochin et Marillier (deux exemplaires).
Epreuves à toute marge.

SAINTE-BIBLE

1825 — Suite de cent vingt-cinq figures in-8, de Marillier, édition
de 1789-1804.
Belles épreuves avant la lettre, la plupart à toute marge.

1826 — Suite de cinquante-neuf figures, grand in-8, gravées par
les meilleurs artistes anglais, d'après les maîtres anciens,
publié par Fischer, 1840.
Belles épreuves.

1827 — Suite de soixante-quatre figures in-8, de Deveria. *Paris,
Lefèvre*, 1828-34.
Très belles épreuves avant la lettre, la plupart portent la signature autographe
des artistes, à toute marge.

1828 — La même collection.
Belles épreuves avant la lettre sur blanc, marges grand in-8.

1829 — La même collection.
Epreuves avec la lettre, sur papier de Chine, à toute marge.

13

SAINTE-BIBLE

1830 — Suite de trente-deux figures in-8, publiées par Furne.
Epreuves du premier tirage, en plus sept planches, trente-neuf pièces.

1831 — Suite de sept planches in-8, d'après les maîtres anciens, pour les Sacrements, épreuves à l'eau-forte pure (2 exemplaires). — Suite des douze Apôtres, d'après Overbeck. — Planches séparées, d'après Marillier, Deveria, Westall et autres, 68 pièces.
Belles épreuves.

SAND (Georges)

1832 — André. — La mare au Diable, etc., quatre pièces.
Belles épreuves, une est avant la lettre.

SATYRE MENIPPÉE

1833 — Suite de dix figures in-8, de Deveria.
Epreuves sur papier de Chine.

SCARRON (P.)

1834 — Le Roman comique. Suite de quinze figures in-8, de Lebarbier, *à Paris, chez Janet,* 1796.
Belles épreuves avec la lettre (deux exemplaires).

1835 — Quatorze planches, doubles des précédentes.
Belles épreuves avant la lettre, grandes marges.

1836 — Le Roman comique. Portrait et vignette de Chapuy, pour l'édition de Cazin, sept pièces.
Belles épreuves à toute marge

1837 — Le Roman comique. Suite de seize estampes, d'après Pater et Dumont le Romain, réduites et gravées par T. de Marc. *Paris, Rouquette,* 1883.
Epreuves en double état, avant et avec la lettre, sur papier de Chine.

1838 — La même collection.
Epreuves à l'eau-forte pure, sur papier du Japon.

SCHMIDT (Chanoine)

1839 — Contes. Suite de vingt figures in-8, gravées sur bois, d'après Marckl.

Belles épreuves du premier tirage.

SCOTT (Sir Walter)

1840 — The monastery. Sept figures in-°, d'après Westall. — Lord of the Isles, sept figures in-8, d'après Westall (2 exemplaires). — Rokeby, six figures in-8, d'après Stothard, ensemble vingt-huit pièces.

Belles épreuves, grandes marges.

1841 — Œuvres. Réunion de cent trente-quatre figures, fleurons et cartes. *Paris, Ch. Gosselin,* 1822.

Belles épreuves, la plupart sont avant la lettre, ou à l'eau-forte pure.

1842 — Œuvres. Suite de quatre-vingt-deux fleurons, dessinés et gravés par Alfred et Tony Johannot. *Paris, Ch. Gosselin.*

Epreuves avant la lettre, sur papier de Chine, grandes marges.

1843 — Œuvres. Réunion de cent trois figures et portraits in-8, pour l'édition de Pourrat.

Epreuves à toute marge.

1844 — Œuvres. Suite de trente-trois figures in-8, d'après T. Johannot. *Paris, Furne,* 1832.

Belles épreuves avant la lettre, sur papier de Chine in-4.

1845 — La même collection.

Epreuves avec la lettre, sur papier de Chine, à toute marge.

1846 — La même collection.

Epreuves avec lettre, sur papier blanc (deux exemplaires).

1847 — Vues pittoresques et monuments remarquables de l'É-cosse. Suite de quinze figures in-8. *Paris, Furne,* 1832.

Belles épreuves (deux exemplaires).

1848 — Quarante portraits de femmes. — Vingt-trois portraits extraits de la collection de Pourrat, soixante-trois pièces.

Bonnes épreuves.

SCOTT (Sir Walter)

1849 — OEuvres. Suite de quinze lithographies in-4, d'après Deveria, Keyser, Ribot, H. Lecomte et Boulanger.
Belles épreuves avec marges, plusieurs sont sur papier de Chine.

1850 — OEuvres. Réunion de quatre-vingt-cinq figures et fleurons,
par ou d'après Johannot, Marckl, Cattermole et autres.
Belles épreuves, la plupart sont avant la lettre.

SCRIBE (Eugène)

1851 — Théâtre. Suite de cent soixante-quatorze figures in-8, gravées à la pointe, d'après Gavarni, Blanchard, David, Johannot,
et autres.
Belles épreuves, plusieurs sont sur papier de Chine.

SÉVIGNÉ (Mme de)

1852 — Lettres. Suite de vingt-cinq portraits in-8, d'après Deveria,
Paris, Dalibon, 1823.
Epreuves à toute marge.

1853 — Vingt-trois portraits de la même collection.
Epreuves avant la lettre, à toute marge.

1854 — Vingt-trois portraits de la même collection.
Epreuves à l'eau-forte pure, à toute marge.

1855 — Lettres. Suite de quinze portraits in-12 et in-8, par
Dien et Masquelier, publiés dans l'édition de Blaise.
Belles épreuves à toute marge.

1856 — Quatorze portraits doubles des précédents, dont deux
dessins.
Très belles épreuves avant la lettre et à l'eau-forte pure.

SHAKESPEARE

1857 — OEuvres. Suite de soixante figures in-8, d'après Banks,
Smirke, Kauffman, Peters, Ramberg, Hamilton et autres.
Belles épreuves à toute marge.

SHAKESPEARE

1858 — Roméo et Juliette. Suite de cinq figures, d'après Stephanoff, Sharpe, Hicks, Herbert et Corboult.

Superbes épreuves avant la lettre, sur papier de Chine, marges in-4.

1859 — Hamlet. — Roméo et Juliette. — La Tempête. — Le Songe d'une nuit d'été, cinq albums contenant cinquante-neuf pièces, gravées au trait, d'après Retzsch. *Paris, Audot.*

Epreuves à toute marge.

1860 — Galerie des femmes de Shakespeare, album de vingt portraits. A *Paris,* chez Delloye.

Epreuves du premier tirage, à toute marge.

1861 — Œuvres. Réunion de quatre-vingt-six figures et portraits in 8.

Belles épreuves, plusieurs sont avant la lettre.

STERNE (Laurent)

1862 — Le Voyage sentimental. Suite de six figures in-8, de Monsiau, gravées par Le Villain. *Paris, Kœnig,* 1801.

Belles épreuves, à toute marge.

1863 — Le Voyage sentimental. Onze figures in-18, par Duponchel, Desenne et Archer.

Belles épreuves.

1864 — Le Voyage sentimental. Réunion de soixante-quinze figures in-8, d'après Johannot, Nap. Thomas et autres.

Belles épreuves, la plupart sur papier de Chine.

1865 — Tristram Shandy. Suite de un portrait et huit figures in-8, de Misbach. *Paris, Bastien,* 1803.

Belles épreuves avant la lettre, grandes marges.

1866 — Tristram Shandy. Suite de un portrait et six figures in-12 dessinés et gravés par Ransonnette.

Epreuves à toute marge (2 exemplaires).

SURVILLE (Clotilde de)

1867 — Poésies. Réunion de quatre-vingt-onze figures in-18 et
in-8, par ou d'après Chasselat, Debret, Langlois, Mounet et
autres.
Belles épreuves, plusieurs sont avant la lettre ou à l'eau-forte pure.

SWIFT

1868 — Les voyages de Gulliver. Suite de dix figures in-18, de
Lefèvre. *Paris, Didot*, 1797.
Belles épreuves avant la lettre, marges in-8.

1869 — La même collection.
Epreuves en double état avant et avec la lettre, marges in-18.

1870 — Les voyages de Gulliver. Suite de dix figures in-18 de Lefèvre, avec la légende en Anglais (trois exemplaires). — Quatre
pièces diverses, dont un dessin de Chasselat, trente-quatre
pièces.
Épreuves à toute marge.

TASSE (le)

1871 — La Jérusalem délivrée. Suite de un frontispice et quarante
figures in-4, de Cochin. *Paris, Didot*, 1785.
Bonnes épreuves, grandes marges, cartonné.

1872 — Soixante-cinq planches doubles.
Belles épreuves, la plupart à toute marge.

1873 — La Jérusalem délivrée Suite de soixante et onze vignettes
fleurons et culs-de-lampe, d'après Gravelot. *Paris, Bossange*,
1792.
Belles épreuves, les fleurons et les en-têtes sont tirés hors texte.

1874 — Planches doubles, tirées des éditions antérieures, 1771 et
1774. Cent trente et une pièces.
Un grand nombre sont en tirages à part.

1875 — La Jérusalem délivrée. Suite de vingt figures in-8, de Lebarbier. *Paris, Bossange*, 1803.
Belles épreuves, douze planches sont doubles avant la lettre, trente-deux
pièces.

TASSE (le)

1876 — La Jérusalem délivrée, Suite de dix figures in-8, de Colin. *Paris, Ambroise Tardieu,* 1822.
Epreuves à toute marge (4 exemplaires), 43 pièces.

1877 — La Jérusalem délivrée. Suite de quatre-vingt figures in-8 et in-12, gravées sur bois, d'après Trichon et autres.
Bonnes épreuves, grandes marges.

1878 — Aminta. Réunion de cent figures in-18 et in-8, par ou d'après Desenne, Colin, Eisen, Cochin et autres.
Belles épreuves, la plupart sont avant la lettre.

1879 — Les Veillées du Tasse, par Ducis. Réunion de vingt-trois figures in-12 et in-8, d'après Myris, Choquet, Ducis et autres.
Belles épreuves la plupart sont avant la lettre

TASSONI

1880 — La Secchia rapita. Figures, en-têtes et culs-de-lampe, d'après Gravelot. *Paris, Prault.* 1766, 31 pièces.
Très belles épreuves, les culs-de-lampe sont en tirages à part.

TÉRENCE

1881 — Comédies. Réunion de quinze figures in-12 et in-8, d'après Cochin, Robin et Picart.
Belles épreuves, deux sont avant la lettre, grandes marges.

TESTAMENT (Nouveau)

1882 — Suite de quatre-vingt-dix-huit figures in-8, de Moreau le jeune 1793-1798. — Cinquante-cinq planches doubles, ensemble 153 pièces.
Belles épreuves.

THÉURIET (André)

1883 — Les œillets de Kerlaz. Suite de douze figures, en-têtes et culs-de-lampe, d'après Rudeaux et Giacomelli. *Paris, Conquet.*
Epreuves avant la lettre, sur papier du Japon (n° 38), on y a joint un frontispice dessiné à l'aquarelle par E. Rudaux, 13 pièces.

THÉOCRITE

1884 — Idylles. Réunion de trente-cinq figures in-18, et grand in-8, d'après Lebarbier, pour les éditions de l'an IV.

Belles épreuves, plusieurs sont avant la lettre et à l'eau-forte pure.

THIERS (A.)

1885 — Histoire du Consulat et de l'Empire. Suite de soixante sujets et portraits. *Paris, Furne*, 1845.

Epreuves du 1er tirage, dans les couvertures de publication.

1886 — La même collection, à laquelle on a ajouté 16 planches.

Epreuves à grandes marges, 76 pièces.

THOMAS

1887 — OEuvres. Réunion de neuf figures in-8, d'après Colin, Petit et autres, dont un dessin à la sépia.

Belles épreuves avant la lettre et à l'eau-forte pure.

THOMPSON

1888 — Les Saisons. Quatre figures in-8, de Lebarbier. *Paris, Didot*, 1796.

Epreuves avec la lettre, plus 8 pièces en différents états dont deux eaux-fortes pures, 12 pièces.

1889 — Les Saisons et les Mois. Réunion de vingt figures in-8, de Westall, 1819.

Belles épreuves à toute marge.

1890 — Les Saisons. Suite de 16 figures in-18, têtes de page, tirages hors texte. — Cinq figures in-8, de Westall. — Cinq figures in-18, de Rolls.

Très belles épreuves à toute marge.

TIBULLE

1891 — Les Élégies. Suite de deux portraits et douze figures in-8, de Borel. *Paris*, 1795.

Belles épreuves, petites marges.

1892 — Quinze planches, doubles de la même collection.

Belles épreuves, plusieurs sont à toute marge.

TRESSAN

1893 — Œuvres. Suite de un portrait et douze figures in-8, de Colin. *Paris, Nepveu,* 1823.

Epreuves en double état avant la lettre et à l'eau-forte pure, (moins 2), 24 pièces.

1894 — La même collection.

Epreuves avant la lettre (trois exemplaires) sur blanc et sur papier de Chine.

1895 — Planches doubles de la même collection, 91 pièces.

Epreuves en différents états.

1896 — Gérard de Nevers. Suite de quatre figures in-18, de Moreau le jeune. *Paris, Didot,* 1792.

Epreuves avant la lettre, deux planches sont doubles, à l'eau-forte pure, 6 pièces.

1897 — Histoire du Petit Jean de Saintré. Suite de quatre figures in-18 de Moreau le jeune. *Paris, Didot.* 1791.

Belles épreuves avant la lettre, grandes marges, deux sont remargées.

1898 — La même collection.

Epreuves avec la lettre, marges.

1899 — Deux planches doubles.

Belles épreuves à l'eau-forte pure, marges, deux planches sont ajoutées, 4 pièces.

1900 — Histoire de Tristan de Léonois et de la reine Yseult. Suite de quatre figures in-18, de Berthon. *Paris, Deterville,* 1799.

Belles épreuves avant la lettre, a toute marge.

UCHARD (Mario)

1901 — Mon oncle Barbassou. Suite de quarante vignettes, d'après P. Avril.

Epreuves avant la lettre sur papier du Japon.

VADÉ

1902 — La pipe cassée. Un portrait, un dessin et quatre figures in-18, d'après Monsiau, 1796.

Belles épreuves.

VADÉ

1903 — La pipe cassée. Suite de douze compositions, dessinées et
gravées à l'eau-forte par E. Mesplès. *Paris, Belin.*
Epreuves en tirages à part sur papier du Japon.

1904 — La pipe cassée. Suite de quatre vignettes têtes de page,
d'Eisen, gravées par Sornique.
Réimpression (Trois exemplaires).

VERGIER

1905 — Contes et Nouvelles. Un portrait par Fessard et douze vignettes têtes de page, d'après Duplessis-Bertaux.
Epreuves à toute marge.

VIGNETTES ANGLAISES

1906 — Trente-quatre figures in-12 et in-8, d'après Westall
Uwins, Singleton et autres, pour divers ouvrages.
Belles épreuves, la plupart sur papier de Chine, avant la lettre.

VIRGILE

1907 — OEuvres. Suite de un portrait, gravé par Dupréel, et dix-sept
figures in-8, de Moreau et Zocchi. *Paris, Plassan,* 1796.
Belles épreuves avant la lettre, marges in-4.

1908 — La même collection.
Epreuves avec la lettre, marges in-4.

1909 — OEuvres. Réunion de cent dix-huit figures in-12, in-8 et in-4
d'après Moreau, Zocchi, Eisen, Fragonard, Huet, etc.
Belles épreuves, la plupart sont avant la lettre.

1910 — OEuvres. Réunion de trente et une figures in-8, d'après
Gérard, pour l'édition Didot, 1858.
Epreuves d'artistes en différents états, eaux-fortes pures avant la lettre su
blanc et sur papier de Chine, etc.

1911 — Les Bucoliques. Suite de dix figures in-8, de Huet et Fragonard fils, toutes gravées par Copia. *Paris, Giguet et Michaud,* 1806.
Epreuves en double état avant et avec la lettre.

VIRGILE

1912 — L'Enéide. Suite de quatre figures in-3, de Moreau le jeune,
1804. — Les mêmes figures réduites in-12, huit pièces.
Epreuves à grandes marges.

1913 — Les Georgiques. Réunion de treize figures in-18 et in-8,
d'après Ch. Eisen et Binet.
Epreuves à grandes marges.

VOISENON (l'abbé)

1914 — Contes. Suite de un portrait, d'après Vigié, et trois figures
in-18, de Queverdo, plus les trois figures avant la lettre, ensemble sept pièces.
Epreuves à toute marge.

VOLNEY

1915 — Les Ruines. Neuf figures et portraits in-18 et in-8, d'après
Desenne et Chasselat.
Belles épreuves, plusieurs sont avant la lettre.

VOLTAIRE

1916 — Œuvres. Suite de vingt figures in-3, gravées par Berni-
geroth, pour la Henriade et le Théâtre, 1748.
Belles épreuves.

1917 — OEuvres. Suite de cinquante figures in-4, de Gravelot, dont
un frontispice et sept portraits, pour l'édition de 1768.
Belles épreuves, grandes marges.

1918 — La même collection.
Belles épreuves avec marges.

1919 — Planches doubles de la collection précédente, cent quatorze pièces.
Belles épreuves.

1920 — OEuvres. Suite de cent huit figures in-8, dont treize portraits, d'après Moreau le jeune, pour l'édition de Kehl, 1785.
Belles épreuves, reliées en un volume grand in-8, veau fauve.

VOLTAIRE

1921 — La même collection de cent vingt planches.
Belles épreuves.

1922 — La même collection de cent vingt-trois planches.
Belles épreuves.

1923 — Quarante-six planches, doubles des précédentes.
Belles épreuves.

1924 — OEuvres. Suite de cent soixante figures et portraits in-8, d'après Moreau le jeune et A. de Saint-Aubin, pour l'édition de Renouard, 1802.
Très belles épreuves avant la lettre, à toute marge (quelques portraits ne sont pas avec la lettre grise),

1925 — Cent vingt-trois planches doubles.
Belles épreuves avant la lettre, grandes marges.

1926 — La même collection.
Belles épreuves avec la lettre, à toute marge à laquelle on a joint huit portraits complémentaires, cent soixante-huit pièces.

1927 — La même collection de cent cinquante-huit pièces.
Belles épreuves, à toute marge.

1928 — Planches séparées de la collection de Renouard, deux cent cinquante pièces.
Belles épreuves, marges.

1929 — OEuvres. Suite de quatre-vingts figures et portraits in-8, d'après Alexandre Desenne, pour l'édition de Beuchot.
Belles épreuves avant la lettre, reliées en un volume, dem. rel., chag. vert.

1930 — La même collection.
Très belles épreuves avant la lettre sur papier de Chine, grand in-8.

1931 — Planches doubles, cent huit pièces.
Epreuves avant et avec la lettre, à toute marge.

1932 — OEuvres. Suite de trois portraits et trente-cinq figures in-12, attribués à Martinet, épreuves à toute marge. — Trente planches doubles, épreuves remargées, soixante-huit pièces,
Belles épreuves.

VOLTAIRE

1933 — Œuvres. Réunion de cent quatorze figures in-8, d'après Eisen et Gravelot.

Epreuves à toute marge.

1934 — Œuvres. Suite de quatre-vingt-dix-huit figures in-8, d'après Chasselat.

Belles épreuves avant la lettre,, à toute marge.

1935 — Planches doubles, cent quarante-trois pièces.

Epreuves à l'eau-forte pure, avant et avec la lettre, marges.

1936 — Œuvres. Suite de quarante-six figures et portraits in-8, d'après Moreau le jeune et autres artistes, pour l'édition de Lefèvre.

Très belles épreuves avant la lettre, sur papier de Chine, grand in-8.

1937 — La même collection.

Epreuves avec la lettre.

1938 — La Henriade. Suite de douze figures in-8, d'Eisen, dont un portrait et un frontispice, publiés chez la veuve Duchesne, 1770.

Deux exemplaires et planches séparées, en-têtes et figures dont plusieurs avant la lettre, quarante-six pièces.

1939 — La Henriade. Suite de dix vignettes, têtes de page, toutes gravées par de Longueil, d'après Ch. Eisen, édition de la veuve Duchesne, 1770.

Très belles épreuves en tirages à part, grandes marges.

1940 — La même collection.

Epreuves en tirages à part, marges irrégulères.

1941 — La Henriade. Suite de dix figures in-8, de Moreau le jeune, Edition de Kehl, 1785.

Belles épreuves, gouachées du temps, marges.

1942 — La Henriade. Suite de un titre gravé, un frontispice, deux portraits et dix figures in-4, de Moreau le jeune, édition de Kehl, 1789.

Belles épreuves, à toute marge.

VOLTAIRE

1943 — Neuf planches doubles des précédentes.
Belles épreuves avant la lettre, marges.

1944 — Vingt-sept planches doubles.
Belles épreuves avec la lettre, grandes marges.

1945 — La Henriade. Suite de douze figures in-4, dont un portrait frontispice, d'après Queverdo, 1790.
Belles épreuves, grandes marges, la planche du chant IV est en double état, avant et avec la lettre, treize pièces.

1946 — Quatorze planches, doubles de la collection précédente.
Bonnes épreuves.

1947 — La Henriade. Dix figures in-18, d'Eisen, gravées par N. Le Mire. — Dix figures in-12, par Martinet. — Onze figures in-8, lithographies de Marlet et pièces diverses.
Trente-cinq pièces, belles épreuves.

1948 — La Henriade. Suite de quatre figures in-18, de Desenne. — Dix figures in-18, de Xavier Leprince (2 exemplaires).
Belles épreuves avant la lettre, 30 pièces.

1949 — La Henriade. Huit figures in-8, de Deveria, en différents états, 19 pièces.
Très belles épreuves.

1950 — La Pucelle. Suite de vingt et une figures in-8, attribuées à Gravelot, 1762.
Belles épreuves à toute marge.

1951 — La même collection.
Belles épreuves remargées.

1952 — La Pucelle. Suite de un frontispice et vingt et une figures in-18, têtes de page par Duplessis Bertaux, pour l'Edition de Cazin, 1780.
Belles épreuves anciennes, remargées à plat, grand in-8.

1953 — La même collection.
Tirage fait par Leclerc sur papier de Chine, planches séparées, 38 pièces.

VOLTAIRE

1954. — La Pucelle. Suite de un portrait de Jeanne d'Arc, gravé par Gaucher, et vingt et une figures grand in-8, d'après Monsiau, Mounet et Lebarbier, 1795.
> Belles épreuves avant la lettre, grandes marges.

1955 — La même collection.
> Belles épreuves avec la lettre, marges in-folio.

1956 — Vingt-sept planches doubles
> Belles épreuves avant la lettre, cinq sont à l'eau-forte pure.

1957 — Vingt-trois planches doubles.
> Epreuves avec la lettre.

1958 — La Pucelle. Suite de vingt et une figures in-8, d'après Monsiau, Marillier et Lebarbier, 1795.
> Belles épreuves avant la lettre, sans les cadres et avec les noms à la pointe petites marges.

1959 — La Pucelle. Suite de vingt et une figures in-8, de Moreau le jeune. Edition de Renouard, 1802.
> Belles épreuves gouachées, à toute marge.

1960 — La Pucelle. Suite de un frontispice, deux portraits, Voltaire et Jeanne d'Arc, et vingt et une vignettes têtes de page par Duplessis Bertaux, tirage de Lemonnyer.
> Epreuves sur papier de Hollande, grand in-8.

1961 — La même collection.
> Deux exemplaires sur papier du Japon, grand in-8.

1962 — Romans et contes. Suite de un portrait, gravé par Cathelin et cinquante-sept figures in-8, de Monnet, Moreau, Marillier et Martini, pour l'édition de Bouillon, 1778.
> Belles épreuves avant les numéros, marges.

1963 — Cinquante-cinq planches, doubles des précédentes, et pièces séparées, soixante-quatorze pièces.
> Belles épreuves.

VOLTAIRE

1964 — Les Romans. Suite de deux portraits et vingt figures
in-18, gravés à l'eau-forte, d'après Monnet, Marillier, Moreau
et Martini, publiés dans l'édition de Lemerre.

Epreuves avant la lettre sur papier de Hollande.

1965 — Théâtre. Treize figures in-18, de Deveria (2 exemplaires)
et défets, soixante pièces.

Epreuves avant la lettre.

1966 — Le Tombeau de Voltaire foudroyé. — Réception de Voltaire aux Champs-Elysées. — Grétry traversant l'Achéron. —
Triomphe de Voltaire. — Couronnement de Voltaire. — Pièces
satyriques, etc.

Onze pièces in-4, dont une coloriée.

1967 — Œuvres et pièces historiques. Réunion de soixante-huit
figures de tous formats.

Belles épreuves, la plupart sont avant la lettre.

963 — Vues et scènes, vingt-huit pièces.

Très belles épreuves, la plupart avant la lettre, ou à l'eau-forte pure.

VOYAGES EN FRANCE (Petits)

1969 — Réunion de quarante-huit vignettes et portraits in-18.
Paris, Chaigneau, an IV.

Belles épreuves, plusieurs sont à toute marge.

WALLON

1970 — Histoire de Saint-Louis. Réunion de cinquante figures
in-8, gravées sur bois, d'après H. Toussaint.

Epreuves sur papier de Chine volant.

XENOPHON

1971 — Œuvres. Réunion de quarante figures in-8, de Moreau,
Lebarbier, Boichot et autres, 1798.

Belles épreuves, plusieurs sont avant la lettre.

YRIARTE

1972 — Ouvrages sur la musique, gravures in-8, par Carmoma, d'après G. Ferro, 18 pièces.

Belles épreuves à toute marge, quelques doubles.

AUTOGRAPHES

1973 — *Beaumarchais*. — Lettre aut. signée de une p. in-8. Epître adressée à M. Boudot, procureur au Châtelet, le lundi 10 décembre 1750.

Au sujet d'un rendez-vous donné chez M. Doutremont où ils doivent se rencontrer avec Monet et Duverney.

1974 — *La Motte Valois* (Comtesse de). — Lettre autog. de deux p. in-4, signée.

Epitre relative au procès du Collier.

1975 — *Voltaire*. — Lettre aut. de une p., signée et adressée à M. de Candole, auditeur à Genève, datée de Ferney, 16 mars.

Belle conservation.

1976 — *Voltaire*. — Lettre aut. de quatre p., signée V., adressée de Genève à M. Dargental.

Epitre intéressante; lui parlant de Fréron et de Mlle Clairon.

Imp. Pairault et Cie, 3, passage Nollet, Paris. — 2060

IMPRIMERIE

PAIRAULT & Cie

3, passage Nollet, 3

PARIS